Deutsch

ABSCHLUSS-PRÜFUNGS-TRAINER

Mittlerer Schulabschluss
Hessen

Erarbeitet von
Hans-Joachim Gauggel

Cornelsen

Textquellenverzeichnis:
S. 6–7: Zimmermann, Tanja: Sommerschnee. Aus: Bolte, Marion (Hrsg.): Total verknallt. Ein Liebeslesebuch. Reinbek: Rowohlt Taschenbuchverlag 1994; **S. 20:** Kästner, Erich: Werke, B. 1I: Zeitgenossen, haufenweise. Gedichte. Hrsg. von Harald Hartung. München: Hanser Verlag 1998, S. 149 © Atrium Verlag AG Zürich; **S. 33–35:** Probst, Stephanie: Das kann kein Meer mehr schlucken: Unsere Ozeane versinken im Plastikmüll. Aus: http://www.wwf.de/themen-projekte/meere-kuesten/unsere-ozeane-versinken-im-plastikmuell/ [26.10.2016]; **S. 61:** Auer, Martin: Von Pechvögeln und Unglücksraben. Weinheim: Verlag Beltz & Gelberg 1989, S. 41 f.; **S. 68:** Johann Wolfgang Goethe: Willkommen und Abschied (1789). In: Goethes Werke. Hamburger Ausgabe in 14 Bänden. Band 1. Hamburg: Christian Wegner 1969, S. 28 f.; **S. 74–75:** Bredow, Rafaela von / Hipp, Dietmar: Vergiss es! (gekürzt und verändert). Zit. nach: Der Spiegel Nr. 51/2009, S. 123 ff.

Bildquellenverzeichnis:
S. 15: Fotolia/rosifan19; **S. 25:** akg-images/arkivi; **S. 30:** Fotolia/ruzi; **S. 32:** Fotolia/Angela Blank; **S. 33:** action press/Ferrari Press Agency; **S. 36:** Colourbox; **S. 42:** Fotolia/UTOPIA; **S. 57:** Fotolia/Melpomene; **S. 65:** links: Fotolia/anyaberkut, rechts: Fotolia/ake1150; **S. 75:** Fotolia/Antonioguillem; **S. 79:** Fotolia/TIMDAVID-COLLECTION

Redaktion: Janina Bachur, Karin Unfried
Illustrationen: Jana Muraitis, Berlin (S. 7, 9, 16, 54, 59, 61, 66, 68), Wiebke Hasselmann, Ritterhude (S. 11)
Umschlaggestaltung: Rosendahl, Berlin
Layoutkonzept und technische Umsetzung: Klein & Halm Grafikdesign, Berlin

www.cornelsen.de

1. Auflage, 1. Druck 2017

Alle Drucke dieser Auflage sind inhaltlich unverändert und können im Unterricht nebeneinander verwendet werden.

Druck: H. Heenemann, Berlin

978-3-06-206674-0

Inhaltsverzeichnis

Was erwartet dich in der Prüfung?

Bei der Zentralen Abschlussarbeit (ZAA) Deutsch erhalten alle Schülerinnen und Schüler in Hessen die gleiche Arbeit:

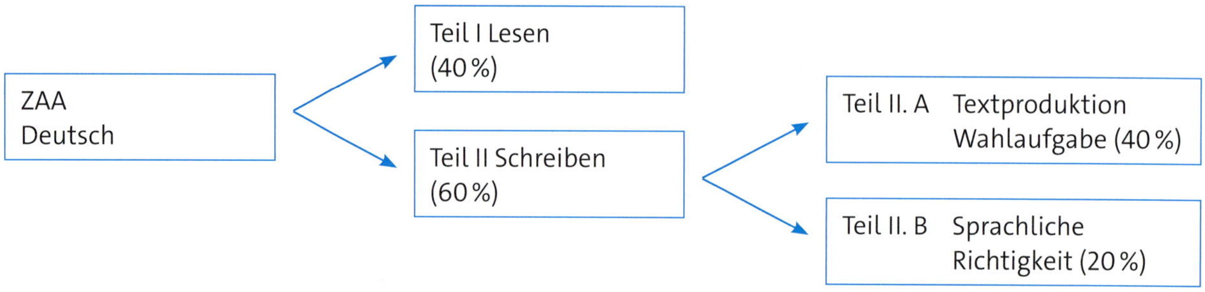

Vor der eigentlichen Prüfung bekommst du **zwei Aufgabensätze mit jeweils einem anderen Text** der Gattungen Lyrik, Prosa oder Sachtext zur Auswahl. Eine der drei folgenden Kombinationen ist möglich: Lyrik + Prosa, Lyrik + Sachtext, Prosa + Sachtext.

Zu den beiden Texten gibt es jeweils Aufgaben zum „Lesen“ (Teil I), die mit 40 % und zum „Schreiben“ (Teil II), die mit 60% gewertet werden.

Im Teil I „Lesen“ wird anhand verschiedener Aufgabenformate (z. B. Multiple-Choice- oder Aufgaben, in denen du Vorgegebenes zuordnen sollst) getestet, ob du den Text verstanden hast.

Der Teil II „Schreiben“ wiederum besteht aus dem Teil II. A „Textproduktion“ (40 %) und dem Teil II. B „Sprachliche Richtigkeit“ (20 %); der letztgenannte ist bei beiden Aufgabensätzen gleich.

Beim Teil II. A kannst du dich jeweils zwischen zwei **Wahlaufgaben zur Textproduktion** entscheiden. Diese entstammen den vier Bereichen **Erzählen**, **Berichten**, **Beschreiben** und **Argumentieren**. Welche Bereiche drankommen, weiß man vorher nicht. Außerdem kann eine Textsorte (Brief, Tagebuch ...) vorgegeben sein.

Die festgelegte **Zeit** solltest du dir gut **einteilen**: Du hast zunächst **15 bis maximal 30 Minuten** Zeit, dir die beiden Aufgabensätze anzuschauen. In dieser Zeit darf noch nicht geschrieben werden. Anfangen darfst du, sobald die Bearbeitungszeit beginnt. Nun bleiben dir für die Prüfung **180 Minuten** – also vier Schulstunden. Wenn du dich noch nicht für einen der beiden Aufgabensätze entschieden hast, bekommst du **noch 30 Minuten** Zeit, diese werden aber angerechnet, d. h., dass dir dann noch 150 Minuten für die Bearbeitung der Prüfung bleiben.

Deine Wörter solltest du in Ruhe **nach** der Bearbeitungszeit zählen.

Du darfst ein **Wörterbuch** benutzen, auch dein eigenes, wenn es vorher geprüft worden ist.

Prüfungstipp

- In den ersten 15 Minuten liest du beide Texte sowie die insgesamt vier Wahlaufgaben dazu gut durch. Ansonsten schaust du dir bei Teil I und II. B nur die Aufgabenstellungen an und überlegst dir, ob du verstanden hast, was du tun musst.
- Du darfst danach allgemeine Fragen stellen, z. B. wenn dir in der Aufgabe ein Wort nicht klar ist.
- Du entscheidest dich für den Aufgabensatz, bei dem du den Text gut verstanden hast und bei dem du auch mit einer der zwei Wahlaufgaben zur Textproduktion (II. A) gut zurechtkommst.
- Hast du dich zu Beginn der Bearbeitungszeit (180 Minuten) noch nicht für einen Aufgabensatz entschieden, so hast du weitere 30 Minuten Zeit dafür, es bleiben dir dann 150 Minuten zum Schreiben.

Wie arbeitest du mit diesem Heft?

Liebe Schülerin, lieber Schüler,

dieses Heft hilft dir, die Zentrale Abschlussarbeit (ZAA) Deutsch gut vorzubereiten und gelassen anzugehen und am Tag der Prüfung einen kühlen Kopf zu bewahren.

Das Heft besteht aus zwei Teilen: dem **Übungsteil** und den **Musterprüfungen**.

Wir empfehlen dir, zunächst die **vier Einheiten im Übungsteil** durchzuarbeiten. Welche Reihenfolge du dabei wählst, spielt keine Rolle.

In jeder Übungseinheit wirst du bestens auf die Anforderungen der Prüfung vorbereitet. Du übst, wie man einen Prosatext, ein Gedicht und einen Sachtext sinnvoll liest und untersucht. Du lernst, welche Prüfungsfragen gestellt und wie sie am besten gelöst werden. Du lernst außerdem, wie man Schritt für Schritt eine Erzählung, einen Bericht, eine Argumentation und eine Beschreibung verfasst, und auf welche Textartenmerkmale man dabei achten muss.
In der Übungseinheit zur sprachlichen Richtigkeit werden wichtige Rechtschreibstrategien, Kommaregeln und grammatikalische Grundkenntnisse wiederholt.

Vergleiche deine Ergebnisse in den Übungseinheiten mit den Musterlösungen im **Lösungsheft**. So kannst du sehen, in welchen Bereichen du sicher bist und wie du Aufgaben, die dir Schwierigkeiten bereiten, noch besser lösen kannst.

Wir raten dir nach der Übungsphase, einen Tag auszuwählen, an dem du vier Stunden am Stück Zeit hast. Da kannst du mithilfe der **Musterprüfungen** im zweiten Teil dieses Hefts eine Prüfung simulieren. Bereite alles wie für eine Prüfung vor (z. B. Füller, Ersatzpatrone, Tintenkiller, Bleistift, Radiergummi, Lineal, Buntstifte oder Textmarker, Schreibpapier, Getränk, Nervennahrung und einen Wecker bzw. Handy mit Weckfunktion). Stell den Wecker zunächst auf 15 Minuten und lies die Texte und die Aufgabenstellungen der beiden ersten Musterprüfungen (S. 61–73). Stelle den Wecker anschließend auf 180 Minuten bzw. drei Stunden ein und beginne mit der Bearbeitung der von dir ausgewählten Prüfung. Solltest du dich noch nicht entschieden haben, welche Prüfung du bearbeiten möchtest, hast du für deine Entscheidung weitere 30 Minuten Zeit. Aber Achtung: Der Wecker läuft weiter!

An einem weiteren Tag kannst du das Ganze wiederholen und auch die dritte Prüfung solltest du wiederum an einem anderen Tag bearbeiten. So lernst du bestimmt, dir die Zeit sinnvoll einzuteilen.

Vergleiche auch deine Ergebnisse der Beispielprüfungen mit den **Musterlösungen** des Lösungshefts.

Alle wichtigen Arbeitsanweisungen (Operatoren) findest du auf der **vorderen inneren Umschlagseite** und die wichtigsten sprachlichen Mittel findest du auf der **hinteren inneren Umschlagseite**.

Zusätzlich kannst du dein Grundwissen mithilfe von Online-Übungen wiederholen und vertiefen. Nutze dazu den Zugangscode auf Seite 1 (www.scook.de).

Ebenfalls online findest du Originalprüfungen mit Lösung sowie die Lösungen zu diesem Heft. Den Zugangscode dazu findest du ebenfalls auf Seite 1.

Wir wünschen dir viel Spaß bei der Arbeit mit diesem Heft und viel Erfolg bei der Prüfung!

1. Einen epischen Text verstehen

Übungen zum Prüfungsteil I: Lesen

Im ersten Teil der Prüfung bekommst du einen Text mit Aufgaben. Um diesen Prüfungsteil zu üben, findest du hier einen Beispieltext mit Aufgaben zur Erschließung dieses Textes. Dabei sind durchgehend auch Musteraufgaben, die nach Art der „echten" Prüfungsaufgaben gestaltet sind. So machst du dich mit den verschiedenen Aufgabenformaten der Prüfung vertraut.
Lies nun zunächst den Text und bearbeite dann die Aufgaben.

Sommerschnee *Tanja Zimmermann*

Mir ist alles so egal, ich fühle mich gut. Der Regen macht mir nichts aus, meine Stiefel sind durchweicht, die Bahn kommt nicht. Neben mir hält ein Mercedes: „Engelchen, ich fahre dich nach Hause."

Ich hab keine Angst, setze mich einfach neben eine alte Frau, fühle mich sicher, mir kann nichts passieren! In der Bahn stehe ich eingequetscht zwischen nass stinkenden Persianermänteln[1] und grauen Anzugmännern. Die Bahn bremst, eine dicke Frau fällt gegen mich, drückt mich an die Fensterscheibe. Die Leute fluchen, beschimpfen den Fahrer. Ich lache.

Beim Aussteigen drängt jeder den anderen, ich lasse mich treiben, bin glücklich, denke nur an dich!

An der Ampel merke ich, dass ich zu laut singe. Eine Mutter mit Kinderwagen lacht mich an, eine aufgetakelte Blondine mustert mich von oben bis unten. Ich weiß, ich bin klitschnass, meine weiße Hose ist nach fünf Tagen eher dunkelgrau, doch ich weiß, dass sie dir gefällt. Meine Haare hängen nass und strähnig auf meiner Schulter. Du hast gesagt, du hast dich schon am ersten Tag in mich verliebt, und da hatte ich auch nasse Haare.

Ich laufe schnell über die Straße, leiste mir eine Packung Filterzigaretten, kaufe welche, die mir zu leicht sind, die du am liebsten magst.

Ein grelles Quietschen. Ein wütender Autofahrer brüllt, ob ich Tomaten auf den Augen hätte. Ich lache und beruhige ihn mit einem „Kommt nicht noch mal vor". An einem Schaufenster bleibe ich trotzdem stehen, zupfe an meinen Haaren herum, ziehe die Hose über meine Stiefel, will dir ja gefallen. Ich will dir ja sogar sehr gefallen!

Auf der Apothekenuhr ist es fünf. Ich laufe quer über die nasse Wiese. Schliddere mehr, als dass ich laufe. Aber ich will dich nicht warten lassen, ich kann das auch nicht. Ich werde dann von Minute zu Minute nervöser, also laufe ich. Bevor ich schelle, atme ich erst ein paarmal tief durch, dann klingel ich, fünfmal hast du gesagt. Und meine Freude, dich zu sehen, ist endgültig Sieger über meine Angst.

1 Persianermantel: Mantel aus einer bestimmten Art von Schaffell

Erst dann bemerke ich den kleinen zusammengefalteten Zettel an der Wand. Ja, es tut dir leid, wirklich leid, dass du Vera wiedergetroffen hast! Ich soll es mir gutgehen lassen. Richtig gutgehen lassen soll ich es mir! Die brennende Zigarette hinterlässt Wunden auf meiner Hand. Das Rattern der vorbeifahrenden Laster, das Kindergeschrei, Hundegebell und das laut aufgedrehte Radio von gegenüber verschwimmen zu einem nervtötenden, Angst einjagenden Einheitsgeräusch, meine Augen nehmen nur noch die gröbsten Umrisse wahr. Wie eine alte Frau gehe ich den endlos langen Weg zur Haltestelle, meine Füße sind nass und kalt in den durchweichten Stiefeln. Ein glatzköpfiger Mann pfeift hinter mir her, bietet mir sein Zimmer und sich an.

Verschüchtert stehe ich in der Ecke neben dem Fahrplan, mein Gesicht spiegelt sich in der Scheibe. Wann kommt endlich diese elende Straßenbahn?

1 *Lies die Erzählung „Sommerschnee" ein erstes Mal. Notiere in einem Satz, worum es in der Erzählung geht.*

Prüfungstipp

Lies den Text einmal durch und notiere erste Ideen.

2 *Unterwelle unbekannte Wörter im Text und schlage ihre Bedeutung im Wörterbuch nach.*

Prüfungstipp

Schlage unbekannte Wörter im Wörterbuch nach oder erschließe die Bedeutung aus dem Kontext.

So könnte eine Prüfungsaufgabe aussehen:

Kreuze die richtige Aussage an. Es gibt jeweils nur eine richtige Lösung. ___ / 4 P.

a) „jemanden mustern" (vgl. Z. 14 f.) bedeutet hier, jemanden

- ☐ genau ausmessen
- ☐ eingehend prüfend anschauen
- ☐ leise beschimpfen
- ☐ insgeheim auslachen

b) „schellen" (vgl. Z. 32) bedeutet hier

- ☐ sich trauen
- ☐ reagieren
- ☐ auf zwei Fingern pfeifen
- ☐ klingeln

c) „verschwimmen" (Z. 42) bedeutet hier

- ☐ sich vermischen
- ☐ im Regenwasser zerrinnen
- ☐ leiser werden
- ☐ stakkatohaft tönen

d) „schliddern" (vgl. Z. 30) bedeutet hier

- ☐ schwimmen
- ☐ humpeln, hinken
- ☐ rutschen, gleiten
- ☐ schweben

Bearbeite nun weitere Aufgaben zur Erschließung des Beispieltextes „Sommerschnee".

3 *Lies den Text aktiv:*
- *Unterstreiche Handlungsschritte der Hauptfigur blau.*
- *Markiere Textstellen, die die Gefühle der Hauptfigur zum Ausdruck bringen. Nutze die Farbe Grün für positive Gefühle und die Farbe Rot für negative Gefühle.*
- *Notiere deine Ideen und Fragen zum Text an den Rand.*
- *Markiere in jedem Abschnitt Schlüsselwörter und Auffälligkeiten im Text.*

Prüfungstipp

Lies den Text ein zweites Mal aktiv, d.h. mit einem Stift in der Hand. Streiche alle Auffälligkeiten an und kommentiere sie. Du kannst z. B. in verschiedenen Farben markern, unterstreichen, unterwellen, stricheln, (einklammern) oder einkreisen, Anstreichungen am Rand durch Zahlen, Symbole oder Stichworte kommentieren.

4 *Beantworte stichwortartig die folgenden Fragen zur Erzählung.*

a) *Welche Figuren spielen in der Erzählung eine Rolle?*

____

____

Prüfungstipp

Stelle zum Text W-Fragen und beantworte sie stichpunktartig.

b) *Wo spielt die Erzählung?* ______________________________

____

c) *Wann spielt die Erzählung?* ______________________________

d) *Was passiert in der Erzählung?* ______________________________

____

So könnte eine Prüfungsaufgabe aussehen:

Kreuze die richtige Aussage an. Es gibt jeweils nur eine richtige Lösung. ___ / 5 P.

a) *Welches Wetter herrscht in der Erzählung?*

☐ Die Sonne scheint. ☐ Es regnet.
☐ Es schneit. ☐ Es gibt ein Gewitter.

b) *Welches Verkehrsmittel benutzt die Hauptfigur?*

☐ Auto ☐ Fahrrad ☐ Straßenbahn ☐ Bus

c) *Wie spät ist es ungefähr?*

☐ 8 Uhr ☐ 12 Uhr ☐ 17 Uhr ☐ 22 Uhr

d) *Wohin möchte die Hauptfigur gehen?*

☐ zu Vera ☐ zu ihrer besten Freundin ☐ zu ihrem Freund ☐ zum Nachhilfelehrer

e) *Warum kauft die Hauptfigur leichte Filterzigaretten?*

☐ Weil die anderen ihr zu stark sind. ☐ Weil ihr Freund die am liebsten mag.
☐ Weil sie sich nur diese leisten kann. ☐ Weil sie aufgrund einer Erkältung keine starken verträgt.

Bearbeite nun die Aufgaben 5 und 6.

5 *Stelle den Handlungsverlauf und die Entwicklung der Hauptfigur in einem Flussdiagramm dar.*

a) *Übernimm deine Anstreichungen aus Aufgabe 3 und notiere in blauer Farbe die einzelnen Handlungsschritte der Hauptfigur stichwortartig in die linke Spalte des Flussdiagramms.*

b) *Ergänze rechts Aussagen dazu, wie sich die Figur fühlt, auch in den Farben der Aufgabe 3.*

Handlungsschritte:	Gefühle der Hauptfigur:
wartet auf die Bahn	
↓	
↓	
↓	
↓	
↓	

6 a) *In welcher Zeitform steht die Handlung in den Zeilen 1 bis 17?*

---

b) *Welche Zeitform wird in den Zeilen 18 und 19 verwendet?*

---

c) *Warum wechselt hier die Zeitform deiner Ansicht nach?*

Prüfungstipp

Beantworte Fragen zum Text nicht einfach aus dem Kopf, sondern sieh bei jeder Frage noch einmal im Text nach und markiere die Stelle, an der du die entsprechende Antwort findest.

So könnten Prüfungsaufgaben aussehen:

1 *Welche der folgenden Aussagen sind richtig?* ___ / 2 P.

Im Text steht, dass

A die junge Frau sich auf den Besuch bei dem Mann, in den sie verliebt ist, freut.

B die junge Frau schlecht gelaunt ist, weil die Leute fluchen, schimpfen und sie von Männern belästigt wird.

C der Mann sich schon am ersten Tag in die junge Frau verliebt hat.

D der Mann in einer Handynachricht geschrieben hat, dass er die Beziehung beenden will.

E der Mann möchte, dass die junge Frau Vera kennenlernt.

Kreuze die richtige Antwort an.

a) ☐ Nur A steht im Text.

b) ☐ Nur A und C stehen im Text.

c) ☐ A, B und C stehen im Text.

d) ☐ Nur C steht im Text.

2 *Welche der folgenden Aussagen sind richtig?* ___ / 2 P.

Im Text steht, dass

A die junge Frau Angst hat, weil sie von einem Mercedes-Fahrer angesprochen wird.

B sie zu Beginn der Erzählung trotz des schlechten Wetters gut gelaunt und fröhlich ist.

C sie lacht, während andere Leute schimpfen.

D sie schimpft, als die Bahn bremst und eine dicke Frau auf sie fällt.

E sie sich vor einem Schaufenster Haare und Kleidung zurechtmacht.

F sie dreimal an der Wohnungstür klingelt.

Kreuze die richtige Antwort an.

a) ☐ Alle Aussagen stehen im Text.

b) ☐ B, C und E stehen im Text.

c) ☐ Nur B und F stehen im Text.

d) ☐ B, C und F stehen im Text.

Bearbeite nun die Aufgaben 7 und 8.

7 a) *Die Autorin / Der Autor ist nicht mit der Erzählerin / dem Erzähler gleichzusetzen. Lies dazu den Infokasten.*

Info

Erzählperspektive
1. Der **Ich-Erzähler** spricht als Figur der Geschichte, die sowohl etwas in der Geschichte erlebt als auch davon berichtet. Es wird in der **Ich-Form** erzählt.
2. Bei der **auktorialen Erzählerperspektive blickt** der Erzähler **von außen auf das Geschehen** und ist selbst nicht daran beteiligt. Er erzählt und kommentiert nur. Er beschreibt die Figuren von außen, kann aber in sie hineinblicken. Dabei verwendet er die **Er-/Sie-Form**.
3. Der **personale Erzähler** erzählt aus der **Perspektive** einer bestimmten **Figur** der Geschichte in der **Er-/Sie-Form**.

b) *Markiere in den Textbeispielen die Wörter, die auf die Erzählperspektive hinweisen.*

Mir ist alles so egal, ich fühle mich gut ...
Die brennende Zigarette hinterlässt Wunden auf meiner Hand ... mein Gesicht spiegelt sich in der Scheibe ...

c) *Aus welcher Perspektive wird erzählt?*

____

8 *Sieh dir deine farbigen Markierungen (S. 8, Aufg. 3) und das Flussdiagramm (S. 9, Aufg. 5) noch mal an.*

Die Handlung nimmt eine überraschende Wendung. Beschreibe, an welcher Stelle sich diese Wendung vollzieht, und notiere die Gefühle der jungen Frau vor und nach diesem Zeitpunkt.

____

____

____

____

Info

Wendepunkt
Oft nimmt die **Handlung** einer Geschichte eine **überraschende Wendung**. Diesen Moment, in dem sich diese Wendung vollzieht, nennt man **Wendepunkt**.

So könnte eine Prüfungsaufgabe aussehen:

„Der Wendepunkt der Erzählung ist in den Zeilen 36 bis 39 erreicht, als die Hauptfigur den Zettel an der Wand findet.“ Erläutere diese Aussage anhand von Textaussagen. Überlege, wie du die Aufgabe lösen würdest. ___ / 3 P.

Löse nun Aufgabe 9.

9 *Die Textform „Kurzgeschichte" weist bestimmte Merkmale auf.*

a) *Im Folgenden findest du Aussagen zu den Merkmalen einer Kurzgeschichte. Streiche die falschen Aussagen durch.*

Die Kurzgeschichte ...
a) ist **meist / selten** ein kurzer Text.
b) **spielt an vielen unterschiedlichen Orten / konzentriert sich auf einen oder wenige Orte**.
c) **beginnt unvermittelt / beantwortet im ersten Satz viele W-Fragen**.
d) besitzt oft **ein offenes Ende / ein Happy End**.
e) umfasst **meist mehrere Handlungsstränge nebeneinander / nur eine Haupthandlung**.
f) handelt von **außergewöhnlichen Persönlichkeiten / Alltagsmenschen**.
g) benutzt eine **gehobene, oft literarische Sprache / alltägliche Sprache (mit Umgangssprache)**.
h) weist oft **Deutungen und Lösungen / Leitmotive und Dingsymbole** auf.
i) besitzt **oft einen Einschnitt, Wende- oder Höhepunkt / eine Moral am Ende**.

b) *Prüfe, auf welches Merkmal die Aussagen bzw. Beispiele zutreffen, und notiere den Buchstaben.*

Aussage bzw. Textbeispiel	Merkmal
„Mir ist alles so egal, ich fühle mich gut." (Z. 1)	c)
„ob ich Tomaten auf den Augen hätte" (Z. 23 f.)	
In den Zeilen 36 und 37 wird ein Ereignis beschrieben, das einen Stimmungswechsel bei der Ich-Erzählerin auslöst.	
Der Text besteht aus 50 Zeilen.	

c) *Finde für die übrigen Merkmale passende Textbeispiele bzw. formuliere Aussagen.*

Merkmal	Aussage bzw. Textbeispiel
a) wenige Orte	
b) offenes Ende	
c) ein Handlungsstrang	
d) Alltagsmenschen	
e) Leitmotiv	

So könnte eine Prüfungsaufgabe aussehen:

Nenne zwei Merkmale einer Kurzgeschichte und belege sie mit Textstellen. ___ / 4 P.

Löse die Prüfungsaufgabe in deinem Heft.

Bearbeite nun die Aufgaben 10 bis 12.

10 *Ordne den folgenden Stilmitteln die zutreffende Beschreibung zu.*

a) der Vergleich
b) die Personifikation
c) die Wiederholung
d) die Antithese
e) die Ellipse
f) die Hyperbel
g) die Ironie
h) der Euphemismus

I) Ein Gegenstand oder Begriff wird vermenschlicht.
II) Sprachliches Bild; zwei Dinge werden durch „wie" verbunden.
III) Beschönigende Umschreibung
IV) Wörter oder Wortgruppen werden immer wieder verwendet.
V) Etwas wird übertrieben dargestellt.
VI) Gegenüberstellung zweier Begriffe oder Gedanken
VII) Unwahre Behauptung, die das Gegenteil meint
VIII) Ein Wort oder Satzglied wird ausgelassen.

11 a) *Der Titel der Erzählung ist ungewöhnlich. Notiere in einem Satz, was dir auffällt.*

____

b) *Es handelt sich hier um eine Metapher. Woran denkst du bei den einzelnen Bestandteilen des Wortes „Sommerschnee"? Notiere deine Ideen stichwortartig.*

Sommer ______________________________

Schnee ______________________________

c) *Erläutere, wofür diese Metapher in der Kurzgeschichte steht.*

____

____

12 *Untersuche folgenden Satz auf Stilmittel. Ergänze die Tabelle. „In der Bahn stehe ich eingequetscht zwischen nass stinkenden Persianermänteln und grauen Anzugmännern." (Zeile 6 ff.)*

Der Satz enthält ...	Trifft zu	Trifft nicht zu	Begründung
a) eine Metapher.			
b) eine Personifikation.			
c) einen Neologismus.			
d) einen Euphemismus.			

So könnte eine Prüfungsaufgabe aussehen:

Ordne den Zitaten die passenden sprachlichen Mittel zu. ___ / 4 P.
Sprachliche Mittel: Antithese, Ellipse, Euphemismus, Hyperbel, Neologismus, Personifikation, Vergleich. *Hinweis: Einige sprachliche Mittel können zu mehreren Textstellen passen, andere zu keinen.*

Zitat	Sprachliches Mittel
„Die Leute fluchen [...]. Ich lache." (Z. 9 f.)	
„Ein grelles Quietschen." (Z. 23)	
„Wie eine alte Frau [...] ." (Z. 44)	
„den endlos langen Weg zur Haltestelle" (Z. 44 f.)	

Bearbeite jetzt die Aufgaben 13 bis 15.

13 *An welchen Stellen im Text wird das Folgende gesagt? Ergänze die entsprechenden Zeilenangaben.*

Aussage	Zeilenangabe
Der Regen ist bereits durch die Schuhe der Erzählerin gedrungen.	
Die Bahn ist überfüllt.	
Die Gedanken der Hauptfigur sind nur bei ihrem Freund. Sie verhält sich ansonsten völlig passiv.	
Die Hauptfigur wird von einem Auto angefahren.	

14 *Du erhältst an einigen Stellen im Text Informationen über die Hauptfigur.*

a) *Notiere zu folgenden Textstellen, welche Schlussfolgerungen du aus diesen Angaben ziehst.*

Prüfungstipp

Sieh dir das Zitat im Text an, wenn in der Prüfung auf eine Textstelle verwiesen wird. So erfasst du den Zusammenhang.

„Mir ist alles so egal, ich fühle mich gut." (Z. 1) ____________________

____

„Ich hab keine Angst [...], fühle mich sicher, mir kann nichts passieren!" (Z. 5 f.) ____________________

____

„Und meine Freude, dich zu sehen, ist endgültig Sieger über meine Angst." (Z. 34 f.) ____________________

____

„[...] verschwimmen zu einem nervtötenden, Angst einjagenden Einheitsgeräusch." (Z. 42 f.) ____________________

____

____

„Wie eine alte Frau gehe ich [...]" (Z. 44) ____________________

____

b) *Wenn du dich bei der Beantwortung von Prüfungsaufgaben auf den Text beziehen musst oder die Aussagen am Text belegt werden sollen, dann kannst du entweder Textstellen zitieren oder sie mit deinen eigenen Worten wiedergeben (paraphrasieren).*
Suche aus den letzten Zeilen des Textes (Z. 48–50) ein passendes Zitat und ziehe daraus Schlussfolgerungen für die Hauptfigur. Beachte die Zitierregeln im Infokasten.

Info

Textstellen zitieren
Zitate sind **wörtliche Übernahmen** aus einem Text. Sie müssen gekennzeichnet werden.
- Zitate stehen immer in Anführungszeichen.
- Zitate müssen genau sein. Sie dürfen in ihrem Wortlaut nicht verändert werden.
- Kürzungen oder Auslassungen werden durch drei Punkte in eckigen Klammern angezeigt: [...].
- Am Ende des Zitats erfolgt eine Zeilenangabe in Klammern.

Beispiel: *Die Hauptperson denkt: „Mir ist alles so egal, ich fühle mich gut."* (Z. 1)

15 a) *Markiere in den zwei folgenden Beispielen A und B die Textstellen, mit denen Aussagen zur Hauptfigur belegt werden. Unterstreiche Zitate rot und Paraphrasen grün.*

Prüfungstipp

Du kannst Textstellen auch wiedergeben, indem du nicht wortwörtlich zitierst, sondern mit deinen eigenen Worten beschreibst (**paraphrasierst**). Auch in diesem Fall musst du die Textstelle in Klammern angeben, du fügst aber die Abkürzung ***vgl.*** ein.
Beispiel: Die Hauptperson denkt, dass ihr alles egal ist (vgl. Z. 1). Oder: *Die Hauptperson denkt, ihr sei alles egal* (vgl. Z. 1).

A Im Text wird mehrfach deutlich, dass die junge Frau zwar glücklich, andererseits aber auch unsicher und nervös ist. In Zeile 13 heißt es: „An der Ampel merke ich, dass ich zu laut singe." Vermutlich singt sie vor Glück, aber es kann auch sein, dass sie sich auf diese Weise Mut machen will. Auch der Satz: „An einem Schaufenster bleibe ich trotzdem stehen, zupfe an meinen Haaren herum [...]" (Z. 25–26) weist auf ihre Nervosität hin.

B Im Text wird gezeigt, dass die junge Frau einerseits glücklich, andererseits aber auch unsicher und nervös ist. So merkt sie selbst, dass sie an der Ampel zu laut singt (vgl. Z. 13). Man vermutet, dass sie vor Glück singt, vielleicht aber auch, um ihre Angst zu überspielen. In den Zeilen 25–26 wird weiterhin beschrieben, wie sie trotz der Eile am Schaufenster stehen bleibt, um noch einmal ihre Haare zu prüfen.

b) *Formuliere im Heft aus den folgenden Textstellen und den zugehörigen Schlussfolgerungen Aussagen zu der Hauptfigur. Zitiere oder paraphrasiere dabei die Textstellen.*

Textstelle	Schlussfolgerung
1. „Mir ist alles so egal, ich fühle mich gut." (Zeile 1)	Figur ist unbeschwert und glücklich
2. „Die Leute fluchen, beschimpfen den Fahrer. Ich lache." (Zeilen 9–10)	Figur nimmt Situation anders wahr als ihre Mitmenschen
3. „Ein wütender Autofahrer brüllt, ob ich Tomaten auf den Augen hätte." (Zeilen 23–24)	Figur läuft vor ein Auto → ist unkonzentriert, passt nicht auf

Info

Formulierungshilfen
- Die Figur behauptet ...
- In Zeile ... liest man ...
- An diesem Satz / An dieser Textstelle erkennt man ...
- Der Satz ... zeigt / lässt erkennen ...
- Die Figur scheint ... zu sein, denn ...

So könnten weitere Prüfungsaufgaben aussehen:

1 *Zitiere zwei Textstellen, in denen zum Ausdruck kommt, dass die Hauptfigur verliebt ist.* ___ / 2 P.

2 *Erkläre anhand von zwei Textstellen, dass die Hauptfigur auf dem Weg an ihren Freund denkt.* ___ / 4 P.

3 *Die Geschichte zeigt Veränderungen bei den Gefühlen und im Verhalten der Hauptfigur. Arbeite diese anhand von zwei Textstellen heraus.* ___ / 4 P.

4 *„In diesem Text wird sehr gut deutlich, wie stark unsere Wahrnehmung und unser Handeln von unserem Gefühlszustand bestimmt werden." Begründe deine Zustimmung zu diesem Zitat anhand eines Textbeispiels.* ___ / 3 P.

Beantworte die Aufgaben im Heft.

Übungen zum Prüfungsteil II. A: Textproduktion – Eine Erzählung verfassen

So könnte eine Prüfungsaufgabe zum Erzählen aussehen:

Prüfungsaufgabe Erzählung
Erzähle die Geschichte („Sommerschnee“, S. 6 f.) aus der Sicht des jungen Mannes. Was könnte der junge Mann aus der Kurzgeschichte an diesem Tag erlebt haben?
Deine Erzählung soll an demselben Tag spielen wie der Text und die Gefühle des jungen Mannes darstellen.

Bearbeite die folgenden Aufgaben, um die dargestellte Prüfungsaufgabe schrittweise zu lösen.

Die Prüfungsaufgabe verstehen

1 *Was verlangt die Prüfungsaufgabe von dir? Lies die Aufgabenstellung noch einmal aufmerksam und kreuze die zutreffenden Aussagen an.*

a) ☐ Ich soll den jungen Mann aus der Kurzgeschichte „Sommerschnee“ genau beschreiben.

b) ☐ Ich soll eine Erzählung aus der Sicht des jungen Mannes oder über ihn schreiben.

c) ☐ Ich muss genau erklären, warum er sich nicht mit der jungen Frau trifft.

d) ☐ Ich kann neue Figuren und eine Handlung erfinden, sie sollten aber zur Kurzgeschichte passen.

e) ☐ Meine Erzählung muss nichts mit der Kurzgeschichte zu tun haben.

f) ☐ Meine Erzählung soll an demselben Tag mit denselben Wetterverhältnissen spielen.

g) ☐ Ich sollte möglichst viele Merkmale einer Kurzgeschichte beachten.

Info

Textart: Erzählung

- Eine Erzählung soll folgende Teile enthalten:

  Einleitung: Der Ort, die Zeit und die Hauptfiguren werden vorgestellt und die Neugier der Leser wird geweckt.
  Hauptteil: Die Handlung entwickelt sich in mehreren Schritten. Die Spannung wird bis zum Höhepunkt gesteigert.
  Schluss: Die Spannung sinkt. Die Situation wird aufgelöst und das Geschehen klingt aus. Weitere Möglichkeiten für das Ende sind eine überraschende Wendung, ein Zurückkommen zur Einleitung oder ein abschließender Denkanstoß.

- Beim Schreiben einer Erzählung muss entschieden werden, aus welcher **Perspektive** man erzählt:
  aus der Ich-Erzählperspektive, der auktorialen Erzählperspektive oder der personalen Erzählperspektive (vergleiche S. 11).
- Bei der Darstellung der Figuren wird zwischen äußerer und innerer Handlung unterschieden.
  Unter der **äußeren Handlung** versteht man, was die Figuren sagen und tun.
  Die **innere Handlung** gibt Gedanken und Gefühle, Wünsche, Hoffnungen, Träume und Ängste der Figuren wieder.

Schreibideen sammeln und ordnen

2 **a)** *Lies die Kurzgeschichte erneut aktiv (S. 6). Markiere und notiere alle Informationen, die der Text über den jungen Mann enthält.*

b) *Übertrage die Mind-Map in dein Heft und halte darin deine Notizen fest.*

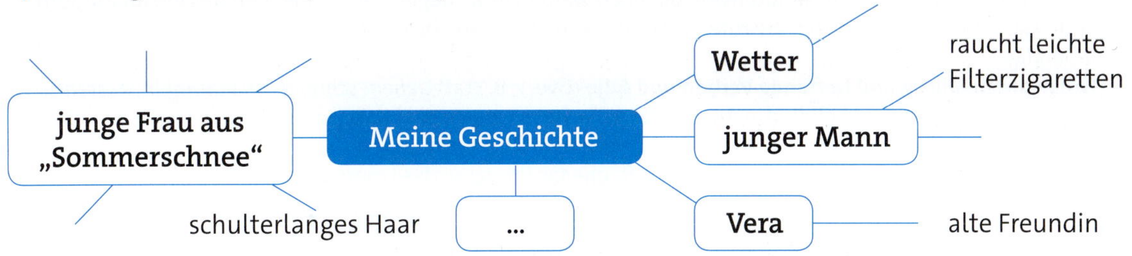

c) *Notiere Informationen zur jungen Frau aus der Kurzgeschichte in der Mind-Map.*

d) *Ergänze weitere Ideen zu den Figuren und zur Handlung deiner Geschichte.*

Einen Schreibplan erstellen

3 *Notiere Stichworte zu Haupt- und Nebenfiguren, zum möglichen Handlungsverlauf und zur Erzählperspektive deiner Erzählung. Beachte dabei die Hinweise zur Textart im Merkkasten auf Seite 16.*

Informationen zum jungen Mann (Alter, Name ...):

____

Grund für den Zettel an der Wand:

____

Ereignisse an diesem Tag:

____

Gefühle des jungen Mannes:

____

Folgende Nebenfiguren treten in der Erzählung auf:

____

Im Mittelpunkt des Hauptteils steht folgendes Ereignis:

____

So gestalte ich das Ende der Erzählung:

____

Ich wähle folgende Erzählperspektive:

____

Den Text schreiben

Info

Eine Erzählung verfassen

Wenn du eine Erzählung schreibst, musst du auf folgende Punkte achten:

- Schreibe im **Präteritum**. Für Handlungen, die noch weiter zurückliegen, verwendest du das Plusquamperfekt.
- Formuliere Fragen, Antworten, Ausrufe und Gedanken in der **wörtlichen Rede**. So wirkt deine Erzählung lebendig.
- Nutze **anschauliche und treffende Verben und Adjektive**, z. B. statt *gehen*: *schlendern, bummeln, hasten ...*
- Verwende **Vergleiche und bildhafte Ausdrücke**, z. B.: *Sie schrie wie ein verwundetes Tier.*
- Achte auf eine **abwechslungsreiche Wortwahl**, vermeide Wiederholungen.
- Formuliere für deine Erzählung eine **Überschrift**, die das Interesse des Lesers weckt.

4 *Analysiere die folgenden zwei Erzählbeispiele A und B.*

a) *Welche Erzähltipps aus dem Tippkasten oben werden in den Beispielen angewendet? Unterstreiche entsprechende Formulierungen.*

b) *Notiere unter jedes Beispiel die verwendete Erzählperspektive.*

A *Gerade wollte ich mir eine Zigarette anzünden, als das Telefon klingelte. „Vera, du?!", stotterte ich in den Hörer, und bevor ich weitersprechen konnte, erzählte sie mir, dass sie seit ein paar Wochen wieder in Frankfurt sei – es tat gut, ihre Stimme zu hören ...*

Erzählperspektive: ______________________________

B *Als er sich gerade eine Zigarette anzünden wollte, klingelte das Telefon. Seinen Gedanken nachhängend schlurfte er zum Telefon. Die Überraschung wich einem Lächeln in seinem Gesicht, als er die bekannte, sanfte Stimme hörte. Vera war bereits der Gedanke gekommen, ihn anzurufen, als sie bei der Einfahrt in den Frankfurter Hauptbahnhof den wolkenverhangenen Messeturm erblickte und sie plötzlich sämtliche Erinnerungen an ihre gemeinsame Zeit wieder vor Augen hatte.*

Erzählperspektive: ______________________________

5 *Erzähle die dargestellte Situation aus einer der folgenden Perspektiven: auktoriale, personale oder Ich-Perspektive. Schreibe in dein Heft. Überlege dann, wie sich der Text unterscheiden würde, wenn du eine der anderen beiden Erzählperspektiven gewählt hättest.*

Hilfe

Zu den Erzählperspektiven findest du auf S. 11 mehr Informationen.

Situation: Der junge Mann geht zur Verabredung mit Vera. Er schreibt einen Zettel, hängt ihn an die Tür und fährt trotz des Regens mit dem Fahrrad durch die Frankfurter Innenstadt bis zu einem Café, in dem beide früher öfters waren. Vera ist bereits da, als er ankommt.

6 **a)** *Markiere in dem folgenden Erzählbeispiel Aussagen zur äußeren Handlung rot und Angaben zur inneren Handlung grün.*

Draußen regnete es in Strömen und es sah nicht so aus, als ob der Regen nachlassen würde. Dennoch beschloss ich, das Rad zu nehmen. Ich streifte also meine Regenjacke über, obwohl ich darin bescheuert aussah, und holte das Fahrrad aus dem Keller. Ich schwitzte jetzt schon unter dem dichten Plastik, aber innerlich fühlte ich mich vor dem Treffen eher kalt. Was sollte das auch? Warum hatte ich mich überhaupt darauf eingelassen, nach so langer Zeit? Mechanisch hängte ich den Zettel, für den ich eine Stunde gebraucht hatte, bis er fertig war, an die Tür und fuhr los. Ich fuhr so schnell, dass ich regelrechte Regenwasserfontänen erzeugte. Als ich am Marktbrunnen vorbeikam, sah ich sie rasch auf das Café zugehen. Ich bremste automatisch, hätte am liebsten umgedreht. Was soll's? Ich gab mir einen Ruck und stellte das Rad ab.

b) *Wie könnte das Beispiel anders lauten, wenn sich der Ich-Erzähler aufgeregt und verliebt auf das Treffen freut? Schreibe die rot unterstrichenen äußeren Handlungsschritte ab und ergänze neue Angaben zur inneren Handlung.*

7 *Verfasse nun eine Erzählung zur Prüfungsaufgabe auf S. 16. Verwende dazu deinen Schreibplan von S. 17, Aufg. 3. Schreibe in dein Heft.*

Den Text überarbeiten

8 *Überarbeite deine Erzählung mithilfe der folgenden Checkliste.*

Checkliste

		ja	nein
1	Hat meine Erzählung eine passende, interessante **Überschrift**?	☐	☐
2	Sind in meiner Erzählung **Einleitung, Hauptteil und Schluss** erkennbar?	☐	☐
3	Habe ich in meiner Einleitung über **den Ort, die Zeit und die Figuren** informiert?	☐	☐
4	Entspricht die **Handlung** meiner Erzählung der Vorgabe in der Schreibaufgabe?	☐	☐
5	Steigt im Hauptteil die **Spannung** bis zum Höhepunkt und nimmt zum Ende wieder ab?	☐	☐
6	Habe ich anschaulich dargestellt, was die **Figuren** denken und fühlen?	☐	☐
7	Habe ich die richtige **Zeitform** verwendet?	☐	☐
8	Habe ich in die Erzählung **wörtliche Rede** eingebaut?	☐	☐
9	Habe ich **abwechslungsreich und treffend formuliert** und Wiederholungen vermieden?	☐	☐
10	Habe ich **Rechtschreibung, Grammatik** und **Zeichensetzung** geprüft?	☐	☐

2. Ein Gedicht verstehen

Übungen zum Prüfungsteil I: Lesen

Im ersten Teil der Prüfung bekommst du einen Text mit Aufgaben. Um diesen Prüfungsteil zu üben, findest du hier einen Beispieltext mit Aufgaben zur Erschließung dieses Textes. Dabei sind durchgehend auch Musteraufgaben, die nach Art der „echten" Prüfungsaufgaben gestaltet sind. So machst du dich mit den verschiedenen Aufgabenformaten der Prüfung vertraut.
Lies nun zunächst den Text und bearbeite dann die Aufgaben.

Besuch vom Lande (1929) *Erich Kästner*

Sie stehen verstört am Potsdamer Platz[1].
Und finden Berlin zu laut.
Die Nacht glüht auf in Kilowatts.
Ein Fräulein sagt heiser: „Komm mit, mein Schatz!"
Und zeigt entsetzlich viel Haut.

Sie wissen vor Staunen nicht aus und nicht ein.
Sie stehen und wundern sich bloß.
Die Bahnen rasseln. Die Autos schrein.
Sie möchten am liebsten zu Hause sein.
Und finden Berlin zu groß.

Es klingt, als ob die Großstadt stöhnt,
weil irgendwer sie schilt.[2]
Die Häuser funkeln. Die U-Bahn dröhnt.
Sie sind das alles so gar nicht gewöhnt.
Und finden Berlin zu wild.

Sie machen vor Angst die Beine krumm.
Und machen alles verkehrt.
Sie lächeln bestürzt. Und sie warten dumm.
Und stehn auf dem Potsdamer Platz herum,
bis man sie überfährt.

1 Potsdamer Platz: Verkehrsknotenpunkt und bekannter, belebter Platz in Berlin
2 schilt (schelten): beschimpfen, tadeln, rügen

1 *Lies das Gedicht „Besuch vom Lande" ein erstes Mal und kreuze an, wer mit „Sie" (V. 1, 6 ...) gemeint ist. Beachte den Titel.*

a) ☐ Reisende vom Land

b) ☐ Besuch aus Berlin

c) ☐ ausländische Touristen

Prüfungstipp

Lies das Gedicht einmal durch und notiere erste Ideen. Achte bei Gedichten auch besonders auf den Titel.

2 *Notiere in einem Satz, worum es im Gedicht gehen könnte.*

Prüfungstipp

Schlage unbekannte Wörter im Wörterbuch nach oder erschließe die Bedeutung aus dem Kontext.

3 *Unterwelle unbekannte Wörter im Gedicht und schlage ihre Bedeutung im Wörterbuch nach.*

4 **a)** *Lies folgenden Lexikoneintrag zu „Fräulein" (V. 4) und kreuze an, welche der drei Bedeutungen am ehesten zutrifft.*

Fräu·lein *Substantiv* [*das*]
- ☐ 1. (*veraltet*) unverheiratete Frau
- ☐ 2. (*veraltet*) Anrede für Verkäuferin
- ☐ 3. (*veraltet*) Anrede für Kellnerin

b) *Wenn dir das Wörterbuch nicht weiterhilft, beachte den Kontext. Lies die Verse 3–5 erneut und beantworte kurz folgende Fragen:*

1. Welche Tageszeit herrscht? ______________________
2. Wozu fordert sie in V. 4 auf? ______________________
3. Was ist das Besondere dabei? ______________________
4. Wie wird die Person in V. 5 beschrieben? ______________________

____

c) *Welche Aussage trifft deiner Meinung nach zu? Kreuze an.*

Es handelt sich hier um

a) ☐ eine Bettlerin.

b) ☐ eine Prostituierte.

c) ☐ eine Kellnerin.

Prüfungstipp

Lies den Text ein zweites Mal aktiv, d. h. mit einem Stift in der Hand. Streiche alle Auffälligkeiten an und kommentiere sie.
Du kannst z. B. in verschiedenen Farben markern, unterstreichen, unterwellen, stricheln, (einklammern) oder einkreisen, Anstreichungen am Rand durch Zahlen, Symbole oder Stichworte kommentieren.

So könnten Prüfungsaufgaben aussehen:

Kreuze die richtige Aussage an. Es gibt jeweils nur eine richtige Lösung. ___ / 4 P.

1. „Verstört" (V. 1) bedeutet hier

   a) ☐ unsicher. b) ☐ verärgert. c) ☐ geistig verwirrt. d) ☐ alarmiert.

2. Mit „Kilowatts" (V. 3) ist hier gemeint, dass

   a) ☐ viel geheizt wird. b) ☐ die Energiezufuhr in der Nacht nicht gut läuft.

   c) ☐ die Stadt schwer wirkt in der Nacht. d) ☐ viele Lichter die Stadt erhellen.

3. „Nicht aus und nicht ein" wissen (vgl. V. 6) bedeutet hier, dass die Leute

   a) ☐ eine andere Sprache sprechen.
   b) ☐ nicht wissen, wie sie reagieren und handeln sollen.
   c) ☐ nicht wissen, wie sie in die Stadt hinein- und wieder aus ihr herauskommen.

4. „Verkehrt" (V. 17) bedeutet hier

   a) ☐ mit viel Verkehr. b) ☐ unordentlich gekehrt. c) ☐ schmutzig. d) ☐ falsch.

5 *Lies den Text aktiv. Bearbeite dazu folgende Aufgaben.*

a) *Notiere zu jeder Strophe stichwortartig oder mit Symbolen den Inhalt am Rand.*

b) *Markiere in unterschiedlichen Farben, wie die Reisenden vom Land und wie die Stadt Berlin beschrieben werden.*

Tipp

So könnte es aussehen, wenn du Verse des Gedichts markierst und bearbeitest:

x x́ x x x́ x x́ x x x́
Sie stehen verstört am Potsdamer Platz. ! a

x x́ x x x́ x x́
Und finden Berlin zu laut. b

c) *Notiere hinter jedem Vers Buchstaben für den Reim. Schreibe für den ersten Reim ein a, den zweiten ein b usw. (siehe folgender Infokasten).*

d) *Notiere über jeder Silbe ein x und bei jeder betonten Silbe (Hebung) ein x́, z. B. Gedicht x x́.*

6 *Streiche die falschen Aussagen zur Form des Gedichts durch.*

a) Das Reimschema im Gedicht lautet **ababa** / **abaab**.

b) Das Gedicht reimt sich **im Paarreim** / **zwar, aber es folgt keinem bekannten Reimschema**.

c) **Das Metrum ist ein durchgängiger Trochäus.** / **Das Gedicht ist zwar rhythmisch aufgebaut, aber folgt nicht durchgängig einem Metrum.**

d) Alle Vers-Enden besitzen **männliche** / **weibliche Kadenzen**.

7 *Wie stellst du dir das lyrische Ich vor? Achte vor allem auf die Pronomen und kreuze die richtige Lösung an.*

a) ☐ Man findet die Pronomen „ich", „wir", „mein", „uns".

b) ☐ Man findet hauptsächlich das Pronomen „sie".

c) ☐ Das lyrische Ich beschreibt alles aus der Perspektive einer beteiligten Person.

d) ☐ Das lyrische Ich spricht über sich.

Info

Gedicht

Reim:
Paarreim: aabb. Kreuzreim: abab Schweifreim: aabccb
Haufenreim: aaa umarmender Reim: abba

Kadenz:
männlich: einsilbiger Reim, Vers endet mit Hebung
weiblich: zweisilbiger Reim, Vers endet mit Senkung

Metrum: Jambus: *Poet* (x x́) Trochäus: *Dichter* (x́ x)
Anapäst: *Poesie* (x x x́) Daktylus: *Schriftsteller* (x́ x x)

Das lyrische Ich: Der Sprecher im Gedicht ist nicht mit dem Dichter / der Dichterin gleichzusetzen. Er muss nicht immer „ich" sagen, sondern kann sich auch „verstecken" und über Sachverhalte oder Dritte sprechen.

So könnte eine Prüfungsaufgabe aussehen:

Kreuze die richtige Aussage an. Es gibt jeweils nur eine richtige Lösung. ___ / 3 P.

1. Das Gedicht besteht aus

   a) ☐ vier Versen. b) ☐ vier Strophen. c) ☐ vier Refrains. d) ☐ vier Jamben.

2. In allen Strophen des Gedichts reimen sich

   a) ☐ der erste, dritte, vierte sowie der zweite und fünfte Vers miteinander (abaab, cdccd, ...).

   b) ☐ die Verse nach dem Muster eines Schweifreims.

   c) ☐ der erste und vierte sowie der zweite und fünfte Vers miteinander (abcab, defde ...).

3. Im Gedicht

   a) ☐ spricht Berlin als Person. b) ☐ gibt es eine Art Sprecher, der von außen beobachtet.

   c) ☐ tritt der Dichter selbst auf. d) ☐ berichtet ein lyrisches Ich über seine Erfahrungen.

8 *Notiere in der Tabelle, wie die Berlin-Besucher und wie die Stadt jeweils im Gedicht beschrieben werden. Nimm deine Ergebnisse aus Aufgabe 3b zu Hilfe.*

Strophe	Besucher vom Land	Stadt Berlin
1	*verstört*	*zu laut*
2		
3		
4		

9 *Lies die Informationen und beantworte die Fragen in Kürze.*

Prüfungstipp

Nutze auch dein Vorwissen zum Autor, zur Zeit oder zur literarischen Epoche.

Info

Geschichtlicher Hintergrund

Erich Kästner (1899–1974) wurde bekannt durch seine Kinderbücher (z. B. „Emil und die Detektive", „Das doppelte Lottchen", „Das fliegende Klassenzimmer") und durch humoristische und zeitkritische Gedichte. **Berlin** stieg um die Jahrhundertwende zu einer europäischen Metropole auf und gehörte zu den reichsten und dynamischsten Städten der Welt. Die Stadt war in der Nacht – z. T. auch in den Fabriken – hell erleuchtet, denn Elektrizität wurde anfangs als reiner Lichtspender betrachtet. Es gab kaum andere elektrische Geräte. Genutzt wurde der Strom allerdings auch für die elektrischen U-Bahnen und das Netz der Berliner Straßenbahn, das um 1930 eine Streckenlänge von mehr als 630 Kilometern mit über 90 Linien aufwies. **Der Potsdamer Platz** war um diese Zeit mit seinem Fernbahnhof, dem U-Bahnhof sowie den zahlreichen Straßenbahn- und Omnibuslinien einer der verkehrsreichsten Plätze Europas mit einer der ersten Verkehrsampel-Anlagen. Außerdem waren der Platz und die von ihm ausgehenden Straßen ein beliebter Treffpunkt der politischen und kulturellen Szene Berlins. Nachts wurde der Potsdamer Platz zu einem großstädtischen Amüsierviertel mit Varietés, Kinos, Cafés und Theater.

a) *Wie lebten damals viele Menschen in Berlin im Unterschied zu Menschen auf dem Land?*

____

____

____

____

b) *Passt das Gedicht von Erich Kästner zum Inhalt des Infokastens? Begründe deine Meinung.*

____

____

____

So könnte eine Prüfungsaufgabe aussehen:

Zitiere zwei Textstellen, die jeweils eine positive und eine negative Reaktion der Besucher auf Berlin zeigen. Erläutere den Gegensatz. Schreibe in dein Heft. ___ / 3 P.

In der Prüfung musst du auch sprachliche Mittel/Stilmittel erkennen und zuordnen. Mit den folgenden Aufgaben kannst du dies üben.

10 *Ordne den folgenden Stilmitteln die zutreffende Beschreibung zu.*

a) das Symbol	I) sprachliches Bild; Sinnbild mit allgemeingültiger Bedeutung
b) die Anapher	II) Das Gegenteil des Gemeinten wird ausgesagt (spöttisch).
c) die Antithese	III) Wörter oder Wortgruppen werden am Versanfang wiederholt.
d) die Ellipse	IV) Ein Satz oder Satzteil reicht über zwei oder mehrere Verse.
e) das Enjambement	V) Gegenüberstellung gegensätzlicher Begriffe oder Gedanken
f) die Alliteration	VI) aufeinanderfolgende Wörter mit gleichem Anfangsbuchstaben
g) die Klimax	VII) Ein Wort oder Satzglied wird ausgelassen.
h) der Parallelismus	VIII) gleicher Aufbau zweier aufeinanderfolgender Sätze
i) die Ironie	IX) gedankliche Steigerung, meist in drei Schritten

11 *Sieh dir die Verse 8 und 11–13 des Gedichts an (S. 20). Erkläre, welches Stilmittel hier in beiden Beispielen verwendet und welche Wirkung dadurch erzielt wird.*

____

____

12 *Betrachte nun die Verse 1 und 2 des Gedichts (S. 20). Erkläre, was hier jeweils für a) ein Enjambement in den beiden Versen und b) für eine Ellipse im zweiten Vers spricht.*

a) Für ein Enjambement spricht, ______________________________

b) Für eine Ellipse spricht, ______________________________

c) Notiere die Verse, die nach demselben Muster aufgebaut sind: ______________________________

13 *Im Gedicht gibt es viele Anaphern.*

Welche Wörter werden jeweils wiederholt? ______________________________

Welche Wirkung haben diese Anaphern auf dich? ______________________________

____

So könnte eine Prüfungsaufgabe aussehen:

Ordne den Zitaten die passenden sprachlichen Mittel zu. ___ / 3 P.

Sprachliche Mittel: Anapher, Ellipse, Metapher, Parallelismus, Personifikation, Vergleich

Hinweis: Einige sprachliche Mittel können zu mehreren Textstellen passen, andere zu keinen; in manchen Textstellen gibt es mehrere sprachliche Mittel.

Zitat	Sprachliche Mittel/Stilmittel
a) „Die Nacht glüht auf in Kilowatts“ (V. 3)	
b) „Und finden Berlin zu groß. […] Und finden Berlin zu wild“ (V. 10, V. 15)	
c) „die Großstadt stöhnt“ (V. 11)	

14 *Überprüfe zu jeder Aussage der folgenden Tabelle, ob sie sinngemäß so im Text steht. Kreuze „richtig“ oder „falsch“ an und ergänze bei richtigen Antworten die Zeilenangabe.*

Prüfungstipp

Beantworte Fragen zum Gedicht nicht einfach aus dem Kopf, sondern suche die entsprechende Stelle im Gedicht, in der du die Antwort findest.

Aussagen	richtig	falsch	Zeile(n)
a) Der Potsdamer Platz ist hektisch und betriebsam.			
b) Die Stadt ist nachts immer hell erleuchtet.			
c) Berlin bietet den Besuchern die Möglichkeit, sich im Trubel der Großstadt richtig wohlzufühlen.			
d) Die Besucher sehen sich die Sehenswürdigkeiten an.			

15 *Unterstreiche die Synonyme des Wortes „wild“, die zu Vers 15 des Gedichts passen, und streiche alle unpassenden Wörter durch.*

aufgebracht • ungezähmt • durcheinander • unvereinbar • zornig • ungeregelt • unzivilisiert • wütend

16 *Was wird mit dem Satz „Sie möchten am liebsten zu Hause sein“ (Vers 9) ausgedrückt?*

a) ☐ ein Wunsch b) ☐ eine Erwartung c) ☐ ein Glaube d) ☐ eine Ahnung

17 *„Die Situation in Berlin wird für den Besuch vom Lande im Laufe des Gedichts immer bedrohlicher.“ Begründe diese Aussage anhand von drei Textstellen.*
Schreibe in dein Heft.

So könnte eine Prüfungsaufgabe aussehen:

Welche der folgenden Aussagen sind richtig? ___ / 2 P.

Im Text steht, dass

A Berlin eine laute und lebhafte Stadt ist.

B die U-Bahn auch nachts noch fährt.

C die Berliner ihren Alltag genießen.

D Berlin von einer Mauer geteilt wird.

Kreuze die richtige Antwort an.

a) ☐ Nur A steht im Text. b) ☐ A, B und C stehen im Text.

c) ☐ Nur A und B stehen im Text. d) ☐ Nur B und D stehen im Text.

In vielen Prüfungsaufgaben wird von dir erwartet, dass du passende Textstellen findest, benennst oder erklärst. Folgende Aufgaben helfen dir beim Üben.

18 *In der Tabelle sind Textstellen vorgegeben, die sprachliche Bilder enthalten. Ergänze die Tabelle, indem du zunächst den unterstrichenen sprachlichen Bildern ihre ursprüngliche Bedeutung zuordnest, und erkläre dann, welche Bedeutung und Wirkung sie im Gedicht haben.*

Textstellen mit sprachlichen Bildern	Ursprüngliche Bedeutung	Bedeutung/Wirkung im Gedicht
Eine junge Frau zeigt „viel Haut" (V. 5)	*äußere Körperschicht des menschlichen Körpers*	
„die Autos schrein" (V. 8)		
„Die Häuser funkeln." (V. 13)		

Wenn du dich auf einen vorgegebenen Text beziehen möchtest, kannst du entweder Textstellen zitieren oder den Inhalt in eigenen Worten wiedergeben (paraphrasieren).

19 *Formuliere mithilfe der folgenden Textstelle und der zugehörigen Schlussfolgerung mündlich einen zusammenhängenden Satz. Zitiere oder paraphrasiere dabei die Textstelle.*

Textstelle	Schlussfolgerung
„Die U-Bahn dröhnt." (V. 13)	Die Besucher vom Land kennen keine U-Bahn. Für ihre Ohren ist das Geräusch, das sie verursacht, unangenehm laut.

Prüfungstipp

Wie man Textstellen zitiert oder paraphrasiert, kannst du in den Infokästen auf S. 14 und 15 nachlesen.

Formulierungshilfen:

Das Wort steht hier für ...
Diese Metapher veranschaulicht ...
Mit der Personifikation des/der ... wird gezeigt, ...
Im Vers ... wird beschrieben, ...

So könnte eine Prüfungsaufgabe aussehen:

1 *Erläutere anhand von Textstellen, wie der Blick der Besucher auf Berlin mithilfe von Stilmitteln dargestellt wird. Wähle dazu zwei Metaphern und eine Personifikation aus.* ___ / 6 P.

Überlege, ob du diese Prüfungsaufgabe mithilfe der bisherigen Übungen lösen könntest. Welche Textstellen aus welchen der schon bearbeiteten Aufgaben zum Gedicht würdest du auswählen?

2 *Zeige anhand einer Textstelle, dass Kästner den „Besuch vom Lande" ironisch darstellt.* ___ / 2 P.

20 a) *Notiere in der linken Spalte der Tabelle, wie sich im Gedicht (S. 20) Berlin für die ländlichen Besucher darstellt. Ergänze in der rechten Spalte, wie du dir dagegen ihr Leben auf dem Land vorstellst.*

Das Leben 1929

Aspekte	... in der Stadt	... auf dem Land
Licht/Strom, Verkehr	elektrisches Licht, hell,	
Häuser, Plätze, Straßen		
Gesellschaft, Leben		
Gefühle, Wahrnehmungen		
Sonstiges		

b) *Welche Unterschiede fallen dir heute zwischen Land und Stadt auf? Welche Aspekte sind geblieben, welche haben sich geändert? Schreibe in dein Heft.*

21 a) *Eine Leserin sagt: „Das Gedicht ist heute immer noch aktuell." Finde Argumente für und gegen diese Aussage und schreibe sie in Stichworten in die Tabelle.*

Ich stimme zu, weil ...	Ich stimme nicht zu, weil ...

b) *Entscheide dich für eine der beiden Positionen und begründe anhand einer Textstelle.*

Übungen zum Prüfungsteil II. A: Textproduktion – Einen Bericht verfassen

Im Prüfungsteil II erhältst du eine Aufgabe zum Schreiben, dies kann eine Aufgabe zum Verfassen eines Berichts sein. Das Thema kann sich auf den vorangegangenen Text beziehen. Zur Bewertung der Schreibaufgaben siehe S. 66.

So könnte eine Prüfungsaufgabe zum Erzählen aussehen:

Berichte von einem Ausflug oder Urlaubstag aufs Land/auf dem Land. Der Bericht soll Informationen über den Anlass, die Teilnehmerinnen und Teilnehmer, den geplanten und tatsächlichen Ablauf enthalten.
Der Bericht kann sich auch auf eine Klassenfahrt beziehen.
Der Bericht soll beim Tag der offenen Tür zusammen mit den Berichten anderer Schülerinnen und Schüler vorgestellt werden.

Um eine solche Schreibaufgabe zu lösen, musst du Schritt für Schritt vorgehen. Die folgenden Übungsaufgaben helfen dir, eine Schreibaufgabe selbstständig zu lösen.

Die Prüfungsaufgabe verstehen

1 *Was verlangt die Prüfungsaufgabe von dir? Lies die Aufgabenstellung noch einmal aufmerksam und kreuze die zutreffenden Aussagen an.*

a) ☐ Ich soll den Mitschülerinnen und Mitschülern von einem spannenden Erlebnis auf dem Land erzählen.

b) ☐ Ich soll möglichst glaubhaft von einem Ausflug oder Urlaubstag berichten.

c) ☐ Ich soll schreiben, warum es zu diesem Tag auf dem Land kam und wie er sich gestaltete.

d) ☐ Ich soll auf jeden Fall von einer Schul- oder Klassenfahrt berichten.

e) ☐ Ich darf keine eigenen Erfahrungen einbringen.

f) ☐ Mein Schreibstil muss sachlich, informativ und neutral sein.

Schreibideen sammeln und ordnen

2 **a)** *Entscheide, ob du von einem Ausflug oder von einem Urlaubstag berichten möchtest. Notiere das entsprechende Wort in der Mitte der Mind-Map.*

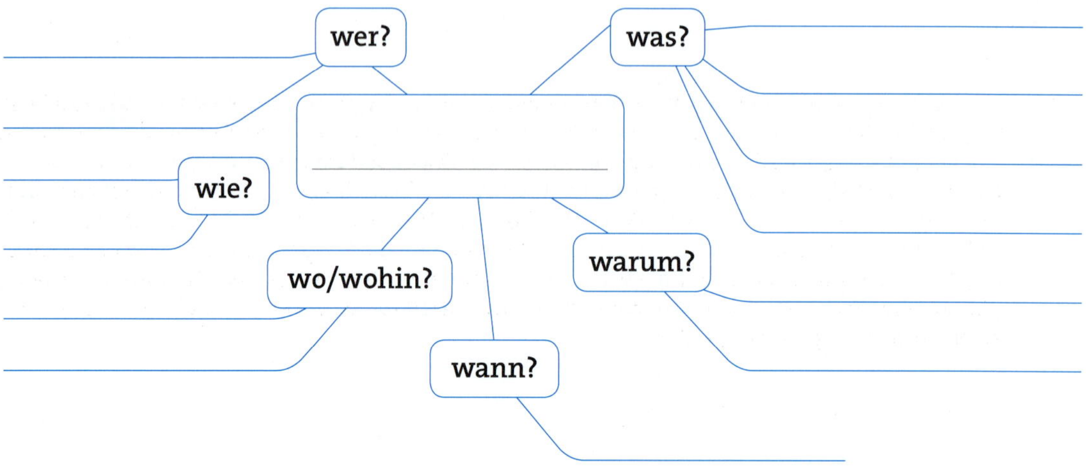

b) *Sammle Ideen und Inhalte für deinen Bericht. Beantworte die W-Fragen in der Mind-Map und ergänze stichwortartig deine Ideen.*

Einen Schreibplan erstellen

3 *Fülle den Schreibplan in Stichworten aus. Nutze die Ergebnisse aus deiner Mind-Map (Aufg. 2).*

Einleitung:	Wer? Was? Wo(hin)? ______ ______ ______
Hauptteil:	Was genau? ______ ______ ______ ______ Wann? ______ ______ Warum? ______ ______ Wie? ______ ______
Schluss:	Fazit/Zitat/Ausblick ______ ______

Info

Bericht

Beim Berichten wird der **Ablauf eines Geschehens** möglichst **sachlich** und in einer **sinnvollen Reihenfolge** dargestellt: **chronologisch** oder **vom sehr Wichtigen zum weniger Wichtigen**. Ob bestimmte Einzelheiten in einem Bericht wichtig oder unwichtig sind, hängt vom Zweck und vom Adressaten des Berichts ab. Die **Einleitung** gibt einen knappen Gesamtüberblick, z. B. über den Anlass, und beantwortet schon einzelne W-Fragen. Die restlichen W-Fragen (Wer? Wo(hin)? Was? Wann? Wie? Warum? Mit welchen Folgen?) sollten im **Hauptteil** beantwortet werden. Dabei nimmt man die Perspektive eines neutralen Beobachters ein, der die Ereignisse ohne Wertung wie mit einer Kamera einfängt. Es wird das **Präteritum** verwendet (Plusquamperfekt bei Vorzeitigkeit). Im knappen **Schlussteil** sollte der Bericht durch ein Fazit, ein Zitat oder einen Ausblick abgerundet werden.

Jetzt sind die Vorarbeiten zur Schreibaufgabe getan. Nun folgen Übungen zum Schreiben des Textes.

Den Text schreiben

4 **a)** *Welche der folgenden Überschriften sind deiner Ansicht nach für einen Bericht geeignet? Kreuze an.*

a) ☐ Verrückte Hühner b) ☐ Studientag mit vielen Überraschungen

c) ☐ Ab heute Vegetarier d) ☐ Ausflug in die Lüneburger Heide

b) *Formuliere nun selbst eine geeignete Überschrift für deinen Bericht.*

____

5 *Lies die beiden folgenden Einleitungssätze. Kreuze an, welche der genannten Kriterien die Einleitungen jeweils erfüllen.*

A *Einen unvergesslichen Tag mit vielen Eindrücken und neuen Erkenntnissen erlebten die 26 Schülerinnen und Schüler der Klasse 10 a der Taunusschule Bad Camberg bei ihrem Studientag in der Lüneburger Heide.*

B *Viele Schafe, die sehr stanken, sahen wir beim Tagesausflug in die Lüneburger Heide.*

	Text A	Text B
a) Die Einleitung ist sachlich.		
b) Sie gibt einen knappen Gesamtüberblick wieder.		
c) Die Frage *Wer?* wird kurz beantwortet.		
d) Die Frage *Was?* wird kurz beantwortet.		
e) Die Frage *Wo(hin)?* wird kurz beantwortet.		

Übe nun abwechslungsreiches Formulieren und das Anwenden korrekter Zeitformen.

6 **a)** *Fülle die Lücken mit den durchgezogenen Linien mit passenden Zeitangaben aus dem Wortspeicher.*

b) *Setze die Verben in Klammern in die richtigen Zeiten. Notiere die entsprechenden Zeitformen auf den gestrichelten Linien.*

Pünktlich um 8.00 Uhr _ _ _ _ _ _ _ _ _ _ _ _ _ _ _ _ _ alle Schülerinnen, Schüler und Lehrkräfte auf

dem Schulparkplatz _ _ _ _ _ _ _ _ _ _ _ _ (versammelt sein). ____________ _ _ _ _ _ (bitten) der Busfahrer die Teilnehmer darum, für alle Abfälle den Mülleimer zu benutzen. ______________

__________ ein Lehrer noch einmal den Tagesablauf (erläutern), ______________

(gehen) die Studienfahrt los. Auf der Fahrt ________________ (herrschen) eine ausgelassene und fröhliche Stimmung. ______________________ (ankommen) der Bus zwar in Holzhausen _____, aber die Gruppe. ________ (sein) noch nicht am Ziel, denn die letzten zwei Kilometer bis zum Hofgut „Schäferblick" ___________ (müssen) zu Fuß zurückgelegt werden. ______________ aber nach einer halben Stunde ______________

(erreichen) die Gruppe ihr Ziel. Sie __________________ von der Leiterin des Hofguts „Schäferblick" _________________ (begrüßt werden). ______________

_______________ (besichtigen) die Gruppe die Stallungen.

> schließlich • anschließend • zunächst • danach • zuletzt • zum Schluss • dann • zuerst • daraufhin • nun • als • nachdem

7 *Verbessere den folgenden Ausschnitt eines Berichts, indem du die Verben aus dem Wortfeld „gehen" variierst und durch passende aus dem Wortspeicher ersetzt.*

Wir mussten das letzte Stück des Weges **gehen**. ______________________

Am Ortsausgang **gingen** wir den markierten Weg bis zum Waldsee. ______________________

Bald jedoch **ging** der Weg auseinander, sodass wir nicht wussten, welchen wir **gehen** sollten.

____

Nachdem wir weitere zwanzig Minuten **gegangen** waren, erblickten wir schließlich den Waldsee.

____

> losmarschieren • aufbrechen • wandern • laufen • eine Strecke zurücklegen • abbiegen • sich teilen • einschlagen • vorankommen • sich gabeln • abzweigen • wählen • nehmen

8 *Notiere unter die verschiedenen Schluss-Beispiele, wie der Bericht jeweils beendet wird. Nutze wenn nötig die Infos in der Tabelle auf S. 29.*

A) Schülerinnen, Schüler und auch Lehrkräfte hatten dieselbe Meinung: „Dieser Ausflug in die Lüneburger Heide war interessant, lehrreich und sehr schön."

B) Alle Beteiligten waren sich einig, dass die Eindrücke dieser Klassenfahrt noch lange im Gedächtnis bleiben werden, und empfahlen den Lehrkräften, auch der nächsten Abschlussklasse etwas Ähnliches anzubieten.

C) Den Jugendlichen gefiel dieser Tag im Grünen sehr und sie hätten nicht gedacht, dass man auch auf dem Land so viel Wissenswertes erfahren und Interessantes erleben kann.

9 *Schreibe nun deinen kompletten Bericht in dein Heft.*

Den Text überarbeiten

10 **a)** *Überprüfe Überschrift, Einleitung, Hauptteil und Schluss deines Berichts mithilfe der Checkliste.*

Checkliste

		ja	nein
1	Hat mein Bericht eine passende **Überschrift**?	☐	☐
2	Hat der Text einen klaren **Aufbau** (Einleitung, Hauptteil, Schluss)?	☐	☐
3	Gibt der **Einleitungssatz** einen Gesamtüberblick und beantwortet die wichtigsten W-Fragen?	☐	☐
4	Habe ich im **Hauptteil** des Berichts alle W-Fragen beantwortet?	☐	☐
5	Ist die **Abfolge der Ereignisse** in meinem Bericht sinnvoll und deutlich erkennbar?	☐	☐
6	Enthält der **Schluss** entweder einen Ausblick, ein zusammenfassendes Zitat oder Fazit?	☐	☐
7	Habe ich die **Satzanfänge variiert** und den **zeitlichen Ablauf** durch passende Wörter verdeutlicht?	☐	☐
8	Habe ich in **sachlicher Sprache**, ohne Wertungen formuliert?	☐	☐
9	Habe ich durchgängig das **Präteritum** oder wenn nötig das **Plusquamperfekt** benutzt?	☐	☐
10	Habe ich **Rechtschreibung**, **Grammatik** und **Zeichensetzung** geprüft?	☐	☐

b) *Bearbeite deinen Text, falls notwendig, und schreibe ihn noch einmal zusammenhängend und sauber ab. Achte dabei auf sinnvolle Absätze.*

3. Einen Sachtext verstehen

Im ersten Teil der Prüfung bekommst du einen Text mit Aufgaben. Neben literarischen Texten können auch Sachtexte vorkommen. Im Folgenden kannst du diesen Prüfungsteil anhand eines Sachtextes mit Aufgaben üben. Durchgehend findest du auch Musteraufgaben, die nach Art der „echten" Prüfungsaufgaben gestaltet sind.

Übungen zum Prüfungsteil I: Lesen

1 a) *Lies die Überschrift und den Vorspann (das Lead) des Artikels. Notiere stichpunktartig, worum es in dem Text gehen könnte.*

___

b) *Lies nun den ganzen Artikel und überprüfe, ob deine Vermutungen zutreffen. Korrigiere, falls notwendig.*

___

___

Das kann kein Meer mehr schlucken:
Unsere Ozeane versinken im Plastikmüll *Stephanie Probst*

Etwa 70 Prozent der Oberfläche der Erde sind von Wasser bedeckt. Doch heute schwimmen in jedem Quadratkilometer der Meere zehntausende Teile Plastikmüll. Seevögel verenden qualvoll an Handyteilen in ihrem Magen, Schildkröten halten Plastiktüten für Quallen und Fische verwechseln winzige Plastikteilchen mit Plankton. [...]

Drei Viertel des Meeresmülls besteht aus Plastik. Dieses Plastik ist ein ständig wachsendes Problem, kostet jedes Jahr zehntausende Tiere das Leben und gefährdet auch uns Menschen. Denn bis zur völligen Zersetzung von Plastik können 350 bis 400 Jahre vergehen. Zunächst zerfällt es lediglich in immer kleinere und kleinere Partikel. Wenn wir heute barfuß einen Strand entlanglaufen, haben wir neben den Sandkörnern meist auch viele feine Plastikteilchen unter den Füßen.

Prüfungstipp

Sieh zunächst Überschrift, Lead und eventuell vorhandene Bilder an und verschaffe dir einen ersten Eindruck. Lies danach den Text einmal und notiere erste Ideen.

Im Meer sind gerade diese kleinen Partikel ein großes Problem, da sie von den Meerestieren mit Plankton[1] verwechselt werden. „Sogar in Muscheln, die Planktonfiltrierer sind, konnte man schon kleine Plastikteilchen nachweisen. An manchen Stellen befindet sich heute sechsmal mehr Plastik als Plankton im Meereswasser und auch das Plankton selbst reichert feinste Plastikteilchen in sich an", erklärt Stephan Lutter, WWF[2]-Experte für Meeresschutz. Mikropartikel, kleiner als ein Millimeter, gelangen problemlos in die Körper von Meerestieren und durch deren Verzehr auch in den menschlichen Organismus. Welche Auswirkungen das haben kann, ist noch nicht endgültig erforscht. Doch eines ist sicher: Plastik enthält Giftstoffe wie Weichmacher und Flammschutzmittel, die den Meeresbewohnern schaden und durch die Nahrungskette auch den Menschen erreichen können. „Wenn Plastikteilchen von Meerestieren aufgenommen werden, wandern die Giftstoffe letztlich ins Fettgewebe. Sie sind fettlöslich und schwer abbaubar, deshalb reichern sie sich dort an. Solche Umweltgifte können wie Hormone wirken, krebserregend sein und die Fruchtbarkeit schädigen." [...]

Der Müll in unseren Ozeanen besteht aus Plastiktüten, PET-Flaschen, Feuerzeugen, Zahnbürsten, Einmalrasierern und Ähnlichem mehr. Leider werden die bunten Plastikteile viel zu oft mit Nahrung verwechselt. So findet man immer häufiger Kadaver[3] von Seevögeln mit Kunststoffteilen im Magen. Die Tiere ersticken, erleiden tödliche Verstopfungen oder verhungern bei vollem Bauch. Der Mageninhalt von toten Eissturmvögeln ist inzwischen ein anerkannter Nachweis für die Verschmutzung unserer Meere. Denn Eissturmvögel sind Hochseevögel – was sie fressen, stammt aus dem Meer. Bei einer Untersuchung fanden Wissenschaftler bei 93 Prozent der Eissturmvögel Plastikteile im Magen. Im Durchschnitt 27 Partikel pro Vogel. Doch nicht nur Seevögel sind betroffen, sondern auch Meeressäuger und Fische. Die Lederschildkröte frisst hauptsächlich Quallen. Immer öfter verwechselt sie jedoch im Wasser treibende Plastiktüten mit ihrer Lieblingsmahlzeit. Und in Schottland hat man schon vor einigen Jahren einen verendeten Zwergwal am Strand gefunden – mit 800 Kilogramm Plastik im Bauch. Das Verwechseln mit Nahrung ist nicht das einzige Problem, das der Zivilisationsmüll in unseren Gewässern bedeutet. Häufig verfangen sich Tiere im Müll und verenden dann qualvoll. [...]

Jedes Jahr landen fast sieben Millionen Tonnen Plastikmüll in unseren Meeren und bilden teilweise gigantische Müllstrudel im Wasser: In der Mitte der Ozeane gibt es große, kreisförmige Meeresströmungen, die den Müll in sich aufnehmen und stetig herumwirbeln. Der bekannteste Müllstrudel ist der „Great Pacific Garbage Patch" im Nordpazifik, der seit Jahrzehnten wächst und wächst. Inzwischen ist er so groß wie ganz Zentraleuropa. „Das ist bei weitem nicht der einzige Müllteppich, derartige Strudel gibt es in allen Ozeanen", betont Stephan Lutter. „Im Nordatlantik hat man zum Beispiel auch einen Müllstrudel entdeckt. Und bei uns

1 tierische und pflanzliche Lebewesen im Wasser, die sich nicht selbst bewegen können
2 Internationaler Verband zum Schutz wild lebender Pflanzen und Tiere
3 toter Körper eines Tieres

in Nord- und Ostsee treibt ebenfalls jede Menge Müll, obwohl das eigentlich Sondergebiete sind: Da darf eigentlich gar kein Müll von Schiffen über Bord gehen!" In jedem Quadratkilometer Meer schwimmen heute bis zu 46.000 Teile Plastikmüll. Die Menge des treibenden Mülls an der Wasseroberfläche ist so groß, dass dieser vom Weltraum aus zu erkennen ist – als riesige Müllteppiche, die mit den Meeresströmungen wandern. Dabei sind die Abfälle an der Meeresoberfläche nur die Spitze des Eisberges. Mehr als 70 Prozent des Mülls sinken auf den Grund. Zurück an Land gelangen nur 15 Prozent der Plastikabfälle. Doch allein diese bieten ein eindeutiges Bild, das besonders die Inseln im Indischen Ozean und im Pazifik prägt: Hier sind die Küsten von buntem Müll gefärbt.

Auch deutsche Inseln leiden unter dem Müllproblem. Auf Mellum nahe Wilhelmshaven findet sich jede Menge angeschwemmter Abfall am Strand. Die Nordseeinsel ist nicht bewohnt und es gibt hier keine Touristen. Auf Mellum wird weder Müll verursacht noch entsorgt. Deshalb sind die Insel und ihr Strand heute ein eindeutiger Indikator[4] für die Verschmutzung der Nordsee – ein Indikator, der schon mal auf 100 Metern Strand über 700 Teile Müll aufweist. [...] Das Treibgut am Mellumer Strand besteht zu etwa 80 Prozent aus Plastik und anderen Kunststoffen. Hier finden sich Dosen, Plastikbecher, Styropor und beispielsweise Luftballonschnüre, die immer wieder Seevögel strangulieren[5]. Auf der Insel brüten auch regelmäßig Löffler[6]. Ihre Nester bestehen nicht aus natürlichen Materialien, sondern aus Plastiktüten. So klein die Insel Mellum ist, sie zeigt das Ausmaß des Müllproblems in unseren Meeren.

Neben den gesundheitlichen Bedrohungen für Mensch und Tier hat der Müll im Meer auch ökonomische Folgen. Tourismusgebiete sind bedroht, Strände müssen ständig gesäubert werden, der Müll verfängt sich regelmäßig in Schiffsschrauben und Fischernetzen. Auch die Landwirtschaft leidet unter verschmutztem Weideland in Küstennähe. Bei Kraftwerken verursacht der Müll Schäden bei der Kühlwasseraufnahme, bei Entsalzungsanlagen blockiert er den Wasserkreislauf. Die Verschmutzung unserer Meere führt jedes Jahr zu enormen wirtschaftlichen Schäden. [...]

Der Müll in den Meeren ist ein globales Problem und wir müssen handeln, um es zu lösen. Doch ohne einen strengen Maßnahmenkatalog wird es nicht gehen. Deshalb ist neben Wirtschaft, Industrie und Bürgern auch die Politik gefragt – um neue Richtlinien und Anreize zu schaffen, aber auch die Einhaltung bereits bestehender Gesetze konsequenter zu verfolgen. Es bedarf regionaler und globaler Anstrengungen, um die Verschmutzung unserer Meere zu verringern. Dafür ist auch eine ständige, aktive Zusammenarbeit der zuständigen Behörden weltweit nötig. [...]

4 verweist durch Aufzeigen eines Merkmals oder Umstandes auf eine bestimmte Entwicklung
5 erwürgen
6 Vogelart, auch Löffelreiher genannt

2 *Lies den Text ein zweites Mal.*

a) *Unterwelle unbekannte Wörter und schlage ihre Bedeutung im Wörterbuch nach.*

b) *Notiere am Rand Ausrufezeichen für besonders wichtige Textstellen und Fragezeichen für Textstellen, die dir unklar sind.*

Prüfungstipp

Lies den Text ein zweites Mal aktiv, d.h. mit einem Stift in der Hand. Streiche alle Auffälligkeiten an und kommentiere sie.

3 *Im Text ist an einigen Stellen von „Strudel" die Rede. Lies die Zeilen 55 bis 59 und kreuze an, von welcher der beiden Bedeutungen des Lexikoneintrags in diesem Zusammenhang die Rede ist.*

Prüfungstipp

Sieh dir das Wort, nach dem gefragt wird, im Kontext an.

Stru·del *Substantiv* [der]

a) ☐ 1. Wirbel im Wasser
b) ☐ 2. gerollter Kuchen aus Teig, den man mit Obst, Quark o. Ä. füllt

So könnte eine Prüfungsaufgabe aussehen:

Kreuze die richtige Aussage an. Es gibt jeweils nur eine richtige Lösung. ___ / 4 P.

a) Welches Synonym gibt die Bedeutung von „gigantisch" (vgl. Z. 56) am besten wieder?

☐ unheimlich ☐ verschmutzt ☐ unzerstörbar ☐ riesig

b) „Nahrungskette" (Z. 27 f.) bedeutet hier

☐ die genetisch festgelegte Abfolge der Ernährung von Fischen.
☐ eine wertvolle Nahrung.
☐ die sich verändernde Ernährungsweise von Meerestieren.
☐ die Reihenfolge von Organismen, die als Nahrung für die nächsten dienen.

c) „Spitze des Eisberges" (Z. 72) bedeutet hier, dass

☐ die Abfälle über das Meer auch in die Polargebiete gelangen.
☐ der Müll, der im Meer auf dem Wasser schwimmt, nur ein kleiner Teil des gesamten Abfalls ist.
☐ der Müll auf der Meeresoberfläche nicht besonders gefährlich ist.
☐ die meisten Abfälle in den Meeren an der Wasseroberfläche schwimmen.

d) Mit „ökonomischen Folgen" (vgl. Z. 93) drückt man hier aus, dass der Plastikmüll

☐ Kosten verursacht. ☐ die Umwelt verschmutzt.
☐ negativ für das Ökosystem ist. ☐ nicht zerfällt.

4 *In den folgenden beiden Beispielen wurden Schlüsselwörter markiert. Welches der beiden Beispiele (A oder B) ist deiner Ansicht nach besser umgesetzt? Begründe.*

Ich finde die Markierung in Beispiel ________ sinnvoller,

weil ______________________________

____

____

____

Prüfungstipp

Markiere im Text Schlüsselwörter. Streiche dabei nur die wichtigsten Wörter an. Sie helfen dir, auf einen Blick zu erkennen, worum es in dem Abschnitt geht.

A Drei Viertel des Meeresmülls besteht aus Plastik. Dieses Plastik ist ein ständig wachsendes Problem, kostet jedes Jahr zehntausende Tiere das Leben und gefährdet auch uns Menschen. Denn bis zur völligen Zersetzung von Plastik können 350 bis 400 Jahre vergehen. Zunächst zerfällt es lediglich in immer kleinere und kleinere Partikel. Wenn wir heute barfuß einen Strand entlanglaufen, haben wir neben den Sandkörnern meist auch viele feine Plastikteilchen unter den Füßen.

B Drei Viertel des Meeresmülls besteht aus Plastik. Dieses Plastik ist ein ständig wachsendes Problem, kostet jedes Jahr zehntausende Tiere das Leben und gefährdet auch uns Menschen. Denn bis zur völligen Zersetzung von Plastik können 350 bis 400 Jahre vergehen. Zunächst zerfällt es lediglich in immer kleinere und kleinere Partikel. Wenn wir heute barfuß einen Strand entlanglaufen, haben wir neben den Sandkörnern meist auch viele feine Plastikteilchen unter den Füßen.

5 *Der Text ist nach dem Vorspann in sechs Sinn-Abschnitte gegliedert.*

a) *Ordne jedem Textabschnitt (a–f) eine treffende Überschrift (1–6) zu.*

1. Pastikmüll verursacht Kosten
2. Gigantische Müllstrudel im Pazifik
3. Gift und Tod durch Plastik
4. Plastik zerfällt, aber vergeht nicht
5. Insel Mellum als Indikator des Problems
6. Wir müssen handeln!

b) *Ergänze in der dritten Spalte stichwortartig Notizen zum Inhalt.*

Prüfungstipp

Notiere für jeden Abschnitt den Inhalt als Überschrift oder in Stichworten.

Abschnitt	Nummer Überschrift	Inhalt in Stichworten
a) Z. 7–33		
b) Z. 34–54		
c) Z. 55–76		
d) Z. 77–91		
e) Z. 92–100		
f) Z. 101–109		

6 a) *Lies den Abschnitt von Zeile 55 bis 76 sehr genau.*

b) *Überprüfe bei jeder Aussage in der folgenden Tabelle genau, ob sie sinngemäß so im Text steht. Kreuze „richtig“ oder „falsch“ an und ergänze zu den richtigen Antworten auch die Zeilenangaben in der rechten Spalte.*

Prüfungstipp

Lies bei Aufgaben zum Ankreuzen jede Aussage sehr genau und suche im Text die Stelle, auf die sie sich bezieht.

Beachte: Die Aussagen werden meist nicht wortwörtlich aus dem Text übernommen!

Aussagen	richtig	falsch	Zeile(n)
a) Plastikmüll kann von den Meeresströmungen zu sehr großen Strudeln geformt werden.			
b) Der größte Müllstrudel umfasst derzeit die Größe von Zentral-europa.			
c) Müllstrudel gibt es ausschließlich im Norden des Pazifik und des Atlantik.			
d) Die Ausbreitung der Müllteppiche kann vom Weltraum aus beobachtet werden.			
e) Der meiste Meeresmüll schwimmt unter der Meeresoberfläche.			

So könnte eine Prüfungsaufgabe aussehen:

Kreuze die richtige Aussage an. Es gibt jeweils nur eine richtige Lösung. ___ / 3 P.

a) Im Text steht, dass
- ☐ der Plastikmüll nicht zerfällt.
- ☐ es heute fast so viel Plastik wie Plankton gibt.
- ☐ Muscheln das Plastik zu Plankton filtrieren.
- ☐ der Plastikmüll in Mikropartikel zerfällt.

b) Im Text steht, dass
- ☐ Touristen auf der Insel Mellum viel Müll am Strand zurücklassen.
- ☐ Löffler Nester aus Plastiktüten bauen.
- ☐ das Treibgut am Mellumer Strand zu einem Drittel aus Plastik besteht.
- ☐ die Insel Mellum so klein ist, dass es dort nicht viel Plastikmüll gibt.

c) Im Text steht, dass
- ☐ Meerestiere Plastik mit Nahrung verwechseln.
- ☐ hauptsächlich Zwergwale viel Plastikmüll fressen.
- ☐ Meerestiere durch den Müll nicht verhungern.
- ☐ einer Untersuchung zufolge bei Eissturmvögeln der Mageninhalt zu 93 % aus Plastiktei-len bestand.

7 *Ordne den folgenden Stilmitteln die zutreffende Beschreibung zu.*

a) die Metapher
b) die rhetorische Frage
c) die Personifikation
d) der Vergleich
e) die Wiederholung

I) Ein Gegenstand oder Begriff wird vermenschlicht.
II) Sprachliches Bild; zwei Dinge werden durch „wie" verbunden
III) bildhafter Ausdruck mit übertragener Bedeutung
IV) Wörter oder Wortgruppen werden immer wieder verwendet.
V) Scheinfrage, da keine Antwort erwartet wird

8 *Ein Teil der Überschrift enthält eine Metapher: „Unsere Ozeane versinken im Plastikmüll".*

a) *Formuliere einen Beispielsatz, der die gängige Bedeutung des Wortes „versinken" verdeutlicht.*

____

b) *Wie würdest du das sprachliche Bild in einer Zeichnung umsetzen? Erläutere.*

____

____

____

c) *Erkläre, wie diese Metapher auf dich wirkt.* ______________________________

____

d) *Im ersten Teil der Überschrift „Das kann kein Meer mehr schlucken" wird eine Personifikation verwendet. Erkläre diese und beschreibe ihre Wirkung.*

____

____

____

So könnte eine Prüfungsaufgabe aussehen:

Ordne den Zitaten die passenden sprachlichen Mittel zu. ___ / 6 P.
Sprachliche Mittel: *Antithese, Ellipse, Hyperbel, Metapher, Neologismus, Personifikation, Wiederholung*
Hinweis: Einige sprachliche Mittel können zu mehreren Textstellen passen, andere zu keiner.

Zitat	Sprachliches Mittel
„Im Durchschnitt 27 Partikel pro Vogel." (Z. 44 f.)	
„Der bekannteste Müllstrudel (...) wächst und wächst." (Z. 60 f.)	
„Inzwischen ist er so groß wie ganz Zentraleuropa." (Z. 61)	
„Müllteppich" (vgl. Z. 62 oder 70)	
„riesige Mülltepiche, die [...] wandern." (vgl. Z. 70 f.)	
„Die Landwirtschaft leidet." (Z. 96)	

9 a) *Verbinde die Satzteile so, dass inhaltlich sinnvolle Aussagen zur **Reportage** entstehen.*

A Die Reportage informiert ...	... in Zitaten wortwörtlich wiedergegeben.
B In einer Reportage können das persönliche Erleben oder die subjektive Einstellung ...	... leserfreundlich als Hintergrundinformation dar.
C Um die Leser gedanklich in das Geschehen hineinzuziehen und ihre Aufmerksamkeit zu erregen, ...	... Hintergrundinformationen und Kommentar.
D Der Reporter stellt sein Wissen und die recherchierten Fakten ...	... in besonders lebendiger und anschaulicher Weise.
E Reportagen mischen häufig die drei Bereiche: Darstellung eines Ereignisses oder Sachverhalts, ...	... des Reporters deutlich werden.
F Bei einer Reportage werden die Aussagen der vorher zum Thema befragten Personen ...	... führen Reportagen unmittelbar und meist sehr anschaulich mitten in das Geschehen hinein.

b) *Welche typischen Merkmale einer Reportage weist der Artikel „Das kann kein Meer mehr schlucken: Unsere Ozeane versinken im Plastikmüll" auf? Schreibe zwei Merkmale auf und zitiere eine passende Textstelle als Beleg.*

1. Merkmal: ______________________

____

Zitat: ______________________

______________________ (Z. ____)

2. Merkmal: ______________________

____

Zitat: ______________________

______________________ (Z. ____)

So könnte eine Prüfungsaufgabe aussehen:

Ordne jeder der folgenden Textstellen das passende Merkmal einer Reportage zu. Trage die passenden Buchstaben in die Tabelle ein. ___ / 4 P.

Mögliche Merkmale: A Autorenkommentar **B** Fazit **C** Expertenmeinung **D** erlebnisorientierter Einstieg **E** Zahlen, Daten, Fakten, Erläuterungen als Hintergrundwissen

Hinweis: Einige Merkmale können mehreren Textstellen zugeordnet werden, andere keiner.

Textstelle	Merkmal
Zeilen 1–6: „Etwa 70 Prozent [...] mit Plankton."	
Zeilen 63–67: „„Im Nordatlantik [...] über Bord gehen!""	
Zeilen 72–73: „Mehr als 70 Prozent des Mülls sinken auf den Grund."	
Zeilen 101–102: „Der Müll in den Meeren ist ein globales Problem und wir müssen handeln, um es zu lösen."	

10 a) *Lies den Abschnitt von Zeile 22 bis 33 noch einmal durch und sieh dir die Schlüsselwörter an, die du markiert hast.*

Prüfungstipp

Beantworte Fragen zum Text nicht einfach aus dem Kopf, sondern sieh bei jeder Frage noch einmal im Text nach. Markiere die Stelle, an der du die entsprechende Antwort findest.

b) *Beschrifte das Schaubild mit passenden Begriffen.*

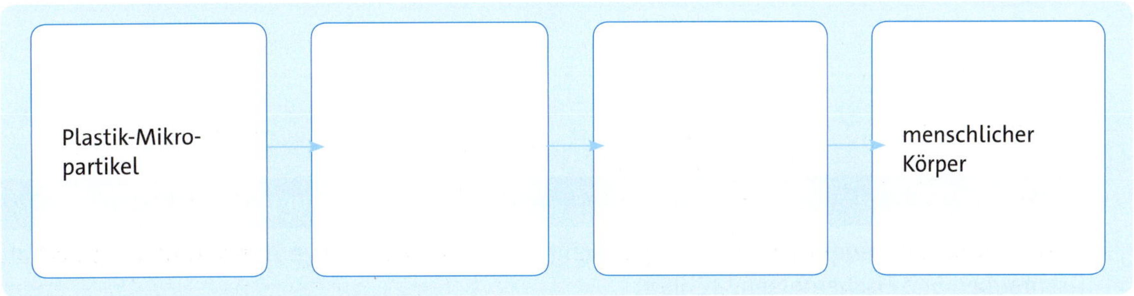

c) *Formuliere nun kurz in eigenen Worten die möglichen Auswirkungen.*

____

____

11 *An welchen Stellen im Text wird das Folgende gesagt? Ergänze die entsprechenden Zeilenangaben.*

Aussage	Zeilen-angabe
75 % des Mülls im Meer ist Plastik.	
Tiere essen aus Versehen Plastikmüll.	
Der Müll der Meere ist ein Problem, das alle Menschen angeht.	

Prüfungstipp

Sieh dir das Zitat im Text an, wenn in der Prüfung auf eine Textstelle verwiesen wird.

So könnte eine Prüfungsaufgabe aussehen:

Welche der folgenden Aussagen sind richtig? ___ / 2 P.

Im Text steht, dass

A durch feine Plastikteilchen im Sand das Joggen am Strand für den Menschen gefährlich sein kann.

B Schildkröten bereits Plastiktüten mit Quallen verwechselt haben.

C Mellum trotz des Müllproblems eine beliebte Ferieninsel ist.

D auch die Landwirtschaft oder die Industrie in Küstennähe vom Müllproblem betroffen sind.

Kreuze die richtige Antwort an.

a) ☐ Alle Aussagen stehen im Text.

b) ☐ A, B und D stehen im Text.

c) ☐ Nur B und C stehen im Text.

d) ☐ B und D stehen im Text.

12 a) *Formuliere aus den folgenden Textstellen und den zugehörigen Schlussfolgerungen Aussagen, die zum Text passen. Zitiere oder paraphrasiere dabei die Textstellen.*

Prüfungstipp

Wie man Textstellen richtig zitiert oder paraphrasiert, kannst du in den Infokästen auf S. 14 f. nachschauen.

Textstelle	Schlussfolgerung
„[...] der Müll verfängt sich regelmäßig in Schiffsschrauben und Fischernetzen." (Z. 95 f.)	wirtschaftliche Schäden für die Schifffahrt
„Der Müll in den Meeren ist ein globales Problem und wir müssen handeln, um es zu lösen." (Z. 101 f.)	alle Menschen müssen sich dem Problem stellen

b) *Ziehe aus dem Zitat „Strände müssen ständig gesäubert werden." (Z. 94 f.) selbstständig eine Schlussfolgerung und formuliere die entsprechende Aussage.*

Prüfungstipp

Formulierungshilfen:

Als eine Folge ... kann man ... anführen.
Die Folgen ... sind ...
Mit der Textstelle „..." (Z. ...) wird gezeigt, dass ...
In Zeile ... wird beschrieben, ...
Empfohlen wird ...

So könnten weitere Prüfungsaufgaben aussehen:
Wähle drei Aufgaben aus und löse sie in deinem Heft.

1. *Zitiere eine Textstelle, in der zum Ausdruck kommt, dass der Plastikmüll im Meer auch für den Menschen eine gesundheitliche Bedrohung darstellen kann. Erläutere sie.* ___ / 2 P.
2. *Im Text werden neben den gesundheitlichen Schäden für Mensch und Tier noch weitere Folgeschäden genannt. Nenne drei.* ___ / 3 P.
3. *„So klein die Insel Mellum ist, sie zeigt das Ausmaß des Müllproblems in unseren Meeren." (S. 89 ff.) Erkläre diese Aussage.* ___ / 2 P.
4. *Erkläre anhand von drei Textstellen, warum Plastikmüll im Meer für Tiere gefährlich ist.* ___ / 6 P.
5. *„Die Überschrift passt sehr gut zum Text." Begründe, ob du dieser Aussage zustimmst oder ob du sie ablehnst.* ___ / 4 P.

Übungen zum Prüfungsteil II. A: Textproduktion – Eine Argumentation verfassen

So könnte eine Prüfungsaufgabe zum Argumentieren aussehen:

Prüfungsaufgabe Argumentation

Die Aktion eines Supermarktes in deiner Stadt, keine Plastiktüten mehr herauszugeben, nimmt das Team eurer Schülerzeitung zum Anlass und plant eine Sonderausgabe zum Thema Plastikmüll.
Schreibe hierfür einen Beitrag und erörtere, ob zukünftig vollständig auf Plastiktüten und Einwegverpackungen verzichtet werden kann.
Ziel deiner Argumentation sollte sein, die Vor- und Nachteile für Umwelt, Industrie und Konsumenten beim vollständigen Verzicht auf Plastiktüten und Einwegverpackungen aufzuzeigen.

Bearbeite die folgenden Aufgaben, um die vorliegende Prüfungsaufgabe schrittweise zu lösen.

Die Prüfungsaufgabe verstehen

1 a) *Was verlangt die Prüfungsaufgabe von dir? Lies die Aufgabenstellung genau durch. Beantworte stichpunktartig die beiden Fragen:*

Für wen sollst du einen Text schreiben? ____________________

Wie heißt der Operator der Aufgabenstellung? ____________________

b) *Schreibe die Aufgabe in deinen Worten in einem Satz auf.* ____________________

____

c) *Lies die Aufgabenstellung noch einmal aufmerksam und kreuze die zutreffenden Aussagen an.*

a) ☐ Ich soll genau beschreiben, wie der Supermarkt in meiner Stadt zur Vermeidung von Plastiktüten beiträgt.

b) ☐ Ich soll Argumente für und gegen einen vollständigen Verzicht auf Plastiktüten und Einwegverpackungen vorbringen.

c) ☐ Ich soll ausschließlich die Vorteile von Plastiktüten und Einwegverpackungen aufzählen.

d) ☐ Ich soll vor allem die Nachteile von Einwegverpackungen für die Umwelt anführen.

e) ☐ Ich soll benennen, warum es gut und schlecht für Umwelt, Industrie und Konsumenten wäre, wenn man keine Plastiktüten und Einwegverpackungen mehr benutzen würde.

Schreibideen sammeln und ordnen

2 a) *Lies noch einmal den Text auf den Seiten 33-35. Markiere alle Textstellen grün, die du in der Argumentation für den Verzicht auf Plastiktüten und Einwegverpackungen verwenden kannst.*

b) *Übertrage das Unterstrichene in dein Heft. Formuliere stichpunktartig und in deinen eigenen Worten.*

Immer mehr Plastikmüll im Meer ... ____________________

3 *Sammle weitere Ideen, Argumente, Beispiele für deine Argumentation. Übertrage die Mind-Map in dein Heft. Ergänze in der Mind-Map stichwortartig in Grün alle Ideen für die Pro-Seite und in Rot deine Ideen für die Kontra-Seite.*

Kann künftig vollständig auf Plastiktüten und Einwegverpackungen verzichtet werden?

Umwelt

Müllberge reduzieren

Industrie

Konsument/-in

Hygiene, weniger Keime

4 *Sammle Argumente, Belege und Beispiele für die Pro- und die Kontra-Seite. Ergänze dafür in der folgenden Tabelle stichpunktartig links die fehlenden Argumente und rechts fehlende Belege und Beispiele.*

Tipp

Du kannst dafür auch deine Ergebnisse zu den Aufgaben 2 und 3 nutzen.

Pro-Argumente	Belege/Beispiele
Wichtiger Beitrag für den Umweltschutz	Weltmeere:
Schonung natürlicher Rohstoffe und Ressourcen	
	Mehrwegverpackungen (Obstkisten), umweltfreundliches Verpackungsmaterial, Läden zum Abfüllen der Ware in selbst mitgebrachte Behälter
Freie Auswahl der Warenmenge und Qualitätsprüfung durch den Kunden	
Kontra-Argumente	**Belege/Beispiele**
Hygiene und Keimschutz sind gewährleistet.	
	Kleine Kinder möchten nur die Schokoeier in bunter Verpackung oder von der Firma „Kids Fun“ haben.

Globalisierung, heutiges Einkaufsverhalten, Welthandel machen Verzicht auf Verpackung nahezu unmöglich	
Länger haltbar und frisch durch Plastik	

Einen Schreibplan erstellen

5 *Um deine Leserinnen und Leser von deiner Meinung zu überzeugen, gehst du in deiner Argumentation am besten nach dem Sanduhr-Prinzip vor. Das folgende Schema kannst du als Schreibplan für deine Argumentation nutzen. Ordne die Pro- und Kontra-Argumente aus Aufgabe 4 ein. Schreibe Stichworte.*

Tipp

Formulierungshilfen

Ich bin der Meinung, dass ...; Meiner Ansicht nach ... Aus meiner Sicht ...

Eigene Position	*Einen vollständigen Verzicht auf Plastiktüten und Einwegverpackungen in naher Zukunft halte ich ...*
These der Gegenposition	
1. stärkstes Argument der Gegenposition mit Beleg	
2. mittelstarkes Argument der Gegenposition mit Beleg	
3. schwächstes Argument der Gegenposition mit Beleg	
These der eigenen Position	

1. schwächstes Argument der Gegenposition mit Beleg	
2. mittelstarkes Argument der eigenen Position mit Beleg	
3. stärkstes Argument der eigenen Position mit Beleg	

Den Text schreiben

Info

Eine Argumentation verfassen

Wenn du eine Argumentation schreibst, musst du auf folgende Punkte achten:
- Nenne in der Einleitung das Thema deiner Argumentation und deine Meinung zu diesem Thema. Durch interessante Informationen zum Thema kannst du bereits in der Einleitung die Aufmerksamkeit deiner Leser gewinnen.
- Der Hauptteil enthält deine Argumentation. Baue sie nach dem Sanduhr-Prinzip auf. Wichtig ist, dass du die einzelnen Argumente sprachlich sinnvoll verknüpfst.
- Im Schluss deiner Argumentation kannst du z. B. deine Ergebnisse zusammenfassen, ein abschließendes Urteil fällen oder einen Vorschlag machen.

6 *Schreibe die folgende Einleitung zu Ende. Beachte dabei, dass du auf die Themafrage eingehst.*

Erst neulich wieder tätigte ich einen dieser typischen Supermarkteinkäufe: Mathe in der sechsten Stunde fiel aus und so holte ich vor dem Nachmittagsunterricht im Supermarkt um die Ecke noch schnell ein Sandwich in einer dreieckigen Plastikbox, eine Limo im Tetrapak mit Strohhalm, eine Tüte Gummibärchen, einen in Plastik verpackten Schokoriegel und ein verdauungsförderndes Joghurtgetränk, ebenfalls in einem Plastikfläschchen. An der Kasse fragte ich mich, wie ich das alles zurück zur Schule transportieren soll, und so ...

7 a) *Im Hauptteil deiner Argumentation musst du deine Argumente sprachlich sinnvoll verknüpfen, damit deine Leser deinen Argumentationsgang nachvollziehen können.*
Formuliere zwei Gegenargumente zu deiner Position von Seite 46 aus. Du kannst dabei Formulierungshilfen aus dem Kasten nutzen.

1. stärkstes Argument der Gegenposition:

Dagegen spricht sicherlich, dass ______________________

____

______________________,

weil ______________________

______________________.

2. mittelstarkes Argument der Gegenposition:

____

______________________,

da ______________________

____

______________________.

Tipp

Formulierungshilfen

Einleitungen für Gegenargumente:
- Dagegen spricht sicherlich, dass ...
- Andere sind sicherlich der Meinung, dass ...
- Gegner dieser Ansicht würden dem entgegensetzen, dass ...
- Dem könnte man entgegenhalten, dass ...

Überleitungen von einem Argument zum nächsten:
- Außerdem spricht dagegen, dass ...
- Darüber hinaus ...
- Zudem könnte man behaupten, dass ...
- Ein weiteres Argument ...
- Des Weiteren ...

b) *Formuliere nun zwei Argumente für deine Position (s. S. 48) aus. Verknüpfe sie mit passenden Formulierungen aus dem Kasten.*

1. schwächstes Argument der eigenen Position:

Aus meiner Sicht spricht für/gegen einen vollständigen

Verzicht auf Plastik, dass ... ______________________

______________________.

Das zeigt ______________________

____

______________________.

2. mittelstarkes Argument der eigenen Position:

____

____

____

______________________.

Tipp

Formulierungshilfen

Überleitungen von einem Argument zum nächsten:
- Aus meiner Sicht spricht für/gegen ..., dass ...
- Meiner Meinung nach steht außer Frage, dass ...
- Im Gegensatz zu dieser Argumentation ...
- Ich dagegen vertrete die Auffassung, dass ...
- Sicherlich sind dies berechtigte Einwände, aber aus meiner Sicht ...
- Hinzu kommt, dass ...
- Darüber hinaus ...
- Noch wichtiger ist, dass ...
- Entscheidender aus meiner Sicht ist jedoch, dass ...
- Besonders schwerwiegend ist, dass ...

Das belegt z. B.

8 a) *Ein passender Schluss rundet deine Argumentation ab. Welcher der angegebenen Satzanfänge scheint dir für den Schluss deiner Argumentation geeignet? Kreuze an.*

- ☐ Nach Abwägung aller Argumente komme ich zu dem Ergebnis ...
- ☐ Mein Fazit aus den genannten Argumenten lautet ...
- ☐ Zusammenfassend möchte ich sagen ...
- ☐ Am Ende möchte ich einen weiteren interessanten Aspekt darstellen ...
- ☐ Führe ich mir abschließend alle Argumente vor Augen, komme ich zu dem Schluss, dass ...
- ☐ Nach der eingehenden Beschäftigung mit diesem Thema konnte ich keine eigene Position entwickeln ...
- ☐ Auf der Grundlage meiner Überlegungen möchte ich abschließend an die Verantwortlichen appellieren ...
- ☐ Eine geeignete Alternative stellt für mich ...

b) *Übertrage den ausgewählten Satzanfang in dein Heft und formuliere einen vollständigen Schluss.*

9 *Schreibe nun deine komplette Argumentation in dein Heft.*

Den Text überarbeiten

10 a) *Überprüfe deine Argumentation mithilfe der Checkliste.*
b) *Überarbeite deinen Text, falls notwendig, und schreibe ihn noch einmal zusammenhängend und sauber ab. Achte dabei auf sinnvolle Absätze.*

Checkliste

		ja	nein
1	Hat mein Text einen **klaren Aufbau** (Einleitung, Hauptteil, Schluss)?	☐	☐
2	Enthält die **Einleitung** das Thema der Argumentation und meine Haltung zu diesem Thema?	☐	☐
3	Habe ich den **Hauptteil** meiner Argumentation nach dem Sanduhr-Prinzip aufgebaut?	☐	☐
4	Habe ich alle **Argumente** mit passenden Belegen oder Beispielen versehen?	☐	☐
5	Habe ich passende Informationen aus dem Text in meiner Argumentation berücksichtigt?	☐	☐
6	Sind die einzelnen Argumente **sprachlich sinnvoll verknüpft**?	☐	☐
7	Habe ich im **Schlussteil** der Argumentation die Ergebnisse noch einmal zusammengefasst, ein abschließendes Urteil gefällt oder einen Vorschlag gemacht?	☐	☐
8	Habe ich unnötige **Wortwiederholungen vermieden**?	☐	☐
9	Habe ich **Rechtschreibung**, **Grammatik** und **Zeichensetzung** geprüft?	☐	☐

Übungen zum Prüfungsteil II. A: Textproduktion – Eine Beschreibung verfassen

So könnte eine Prüfungsaufgabe zum Beschreiben aussehen:

Prüfungsaufgabe Beschreibung

Stell dir vor, deine Schule setzt sich für den Klimaschutz und eine saubere Umwelt ein und hat dazu bereits mehrere Projekte und Aktionen durchgeführt. Du wirst gebeten, für die Homepage zwei dieser Projekte oder Aktionen näher zu beschreiben. Deine Beschreibung soll den Ablauf – von der Planung bis zur Durchführung – darstellen und die Möglichkeiten aufzeigen, wie jeder Einzelne der Schulgemeinde zum Klima- und Umweltschutz beitragen kann.

Bearbeite die folgenden Aufgaben, um die gestellte Prüfungsaufgabe schrittweise zu lösen.

Die Prüfungsaufgabe verstehen

1 *Was verlangt die Prüfungsaufgabe von dir? Lies die Aufgabenstellung noch einmal aufmerksam und kreuze die zutreffenden Aussagen an. Achtung: Es gibt mehr als eine richtige Lösung.*

a) ☐ Ich soll auf den Text der Seiten 33 bis 35 eingehen und die Ursachen für Umweltverschmutzung und Klimakatastrophe beschreiben.

b) ☐ Ich soll eine Beschreibung zweier Projekte oder Aktionen zu Umwelt- und Klimaschutz für die Schulhomepage verfassen.

c) ☐ Ich soll beschreiben, wie jeder Einzelne zur Verschmutzung der Umwelt und zum Klimawandel beiträgt und was ich davon halte.

d) ☐ Ich soll in meiner Beschreibung auch darstellen, welchen Beitrag alle Schülerinnen und Schüler gegen Klimawandel und Umweltverschmutzung leisten können.

e) ☐ Meine Beschreibung muss von zwei Aktionen oder Projekten die genaue Planung und Umsetzung darstellen.

f) ☐ Meine Beschreibung muss zum Schluss meine eigene Meinung enthalten.

Schreibideen sammeln und ordnen

2 **a)** *Welche Gründe gibt es für Umweltverschmutzung und Klimawandel? Notiere in Stichpunkten.*

1. Hoher Energieverbrauch, 2. ____________________

____

____

b) *Notiere, welche Aktionen und Projekte man in der Schule durchführen könnte, die kleine Schritte in Richtung „Saubere Umwelt und Klimaschutz" machen.*

1. Mülldetektive achten täglich auf Mülltrennung und -vermeidung 2. ____________________

____

____

3 *Fülle in der folgenden Tabelle die Lücken mit deinen Ideen.*

Projekt/Aktion ***Was?*** (kurze Beschreibung)	Teilnehmer/-innen ***Wer?***	Planung ***Wann? Wo?***	Durchführung ***Wie genau? Welche Folgen?***
sinnvoll heizen – richtig lüften	alle Personen der Schule	letzte Woche vor Weihnachten	2 Minuten Stoßlüften nach jeder Stunde, Heizungschecker in jedem Raum

Einen Schreibplan erstellen

4 *Erstelle einen Schreibplan für deine Beschreibung. Notiere deine Ideen stichwortartig.*

Einleitung: Was?	Projekt/Aktion 1: ____________ ____________ Projekt/Aktion 2: ____________
Hauptteil: Projekt/ Aktion 1:	Wer nimmt teil? ____________ Wann? ____________ Wo? ____________ Wie und was genau? ____________ ____________ Welche Folgen? ____________ ____________
Projekt/ Aktion 2:	Wer nimmt teil? ____________ Wann? ____________ Wo? ____________

Projekt/ Aktion 2:	Wie und was genau? ______________________ ______________________ Welche Folgen? ______________________ ______________________
Schluss:	Fazit/Ausblick ______________________ ______________________

Den Text schreiben

Info

Eine Beschreibung verfassen

Wenn du etwas schriftlich beschreibst – z. B. Person, Ablauf, Organisation, Projekt etc. –, musst du auf folgende Punkte achten:

- Gliedere deinen Text sinnvoll: Die **Einleitung** nennt kurz, was und für wen beschrieben wird. Im **Hauptteil** beschreibst du das Objekt, den Ablauf, das Projekt etc. möglichst anschaulich, detailreich, genau und in einer sinnvollen Reihenfolge, z. B. chronologisch oder vom Allgemeinen zum Detaillierten. Der **Schlussteil** rundet die Beschreibung beispielsweise mit einem Fazit, einem Ausblick oder Ähnlichem ab.
- Formuliere sachlich, verwende Fachbegriffe und vermeide Wertungen und umgangssprachliche Ausdrücke.
- Schreibe im Präsens. Um Vorzeitigkeit auszudrücken, wird das Perfekt benutzt.

5 *Ergänze in der folgenden Einleitung die Lücken sinnvoll entsprechend deinem Schreibplan.*

Müllprobleme, Umweltverschmutzung und Klimakatastrophen nehmen zu. Um dieser Entwicklung in kleinen Schritten entgegenzuwirken, führt unsere Schule seit ______________ erfolgreich einige ______________________________ in und um unsere Schule herum durch. Zwei davon sind ______________________________ und ______________________________, die ich nun für die ______________________________ näher beschreiben werde.

6 a) *Ordne folgende Sätze aus dem Hauptteil einer Beschreibung. Schreibe die Nummern einer sinnvollen Reihenfolge in die Kästchen vor dem Satz.*

☐ Er prüft, indem er kräftig einatmet, den Sauerstoffgehalt im Raum und merkt daran, ob ausreichend gelüftet worden ist.

☐ Er achtet auch darauf, dass die Fenster geschlossen und nicht gekippt sind.

☐ Jede Klasse besitzt mehrere Heizungschecker.

☐ Es finden regelmäßig nach dem Zufallsprinzip Stichproben statt.

☐ Es hat ein Projekttag stattgefunden, __________ ist folgende Aktion geplant worden:

☐ Der Heizungschecker kontrolliert mit einem Thermometer die Temperatur verschiedener Klassen- und Fachräume, der Toiletten und des Flurs in einem bestimmten Abschnitt.

☐ Er notiert sein Ergebnis in der sogenannten „Umwelt-Checkliste“.

b) *Schreibe die Sätze in der von dir gewählten Reihenfolge in dein Heft. Variiere dabei die Satzanfänge, indem du die Satzglieder umstellst oder mit einem Wort aus dem Wortspeicher die Reihenfolge ausdrückst.*

seither • zunächst • hierfür • einmal pro Woche • außerdem • des Weiteren • dabei • nun • anschließend

7 *Bei welchem der folgenden Schlussteile handelt es sich um ein Fazit, bei welchem um einen Ausblick? Notiere im Kästchen den Buchstaben F für Fazit und A für Ausblick.*

☐ Gerade die Schülerinnen und Schüler der unteren Klassen stecken mit ihrem Eifer und ihrer Freude beim „Umweltcheck“ ihre Mitschülerinnen und Mitschüler sowie die Lehrkräfte so an, dass die beiden Projekte in unserer Schule auf eine breite Zustimmung treffen und aus dem Schulalltag nicht mehr wegzudenken sind.

☐ Selbst wenn es sich bei den beiden beschriebenen Umwelttagen lediglich um kleine Aktionen handelt, so sind es doch erste Schritte in die richtige Richtung, die das Bewusstsein jedes Einzelnen für sein tägliches Verhalten schärfen und zeigen, dass es nie zu spät ist, damit anzufangen, etwas gegen den Klimawandel und die Umweltverschmutzung zu unternehmen.

8 *Finde eine passende Überschrift und schreibe nun die komplette Beschreibung in dein Heft.*

Den Text überarbeiten

9 **a)** *Überprüfe deine Argumentation mithilfe der Checkliste.*
b) *Überarbeite deinen Text, falls notwendig, und schreibe ihn noch einmal zusammenhängend und sauber ab. Achte dabei auf sinnvolle Absätze.*

Checkliste

		ja	nein
1	Hat mein Text eine **Überschrift** und einen **klaren Aufbau** (Einleitung, Hauptteil, Schluss)?	☐	☐
2	Nennt meine **Einleitung** kurz, was und für wen beschrieben wird?	☐	☐
3	Habe ich im **Hauptteil** zwei Projekte oder Aktionen ausführlich beschrieben?	☐	☐
4	Habe **ich in einer sinnvollen Reihenfolge** beschrieben und dies durch passende Wörter verdeutlicht?	☐	☐
5	Habe ich zum **Schluss** einen Ausblick oder ein Fazit gegeben?	☐	☐
6	Habe ich die Projekte/Aktionen **genau und detailreich** beschrieben?	☐	☐
7	Habe ich den Text **sachlich und objektiv** formuliert?	☐	☐
8	Habe ich durchgängig die **Zeitform Präsens** verwendet, bei Vorzeitigkeit das **Perfekt**?	☐	☐
9	Habe ich **abwechslungsreiche Wörter** verwendet und Wortwiederholungen vermieden?	☐	☐
10	Habe ich **Rechtschreibung**, **Grammatik** und **Zeichensetzung** geprüft?	☐	☐

4. Übungen zur sprachlichen Richtigkeit (Prüfungsteil II. B)

Im Prüfungsteil II.B („Sprachliche Richtigkeit") musst du Aufgaben zu Rechtschreibung und Grammatik lösen. Folgendes kann z.B. von dir verlangt werden: Rechtschreib- und Grammatikfehler finden und verbessern (auch Zeichensetzung), Regeln und Strategien zu Rechtschreibung und Grammatik den passenden Beispielsätzen zuordnen (ebenfalls Zeichensetzung).
Mit folgenden Übungen kannst du dich gezielt vorbereiten.

Prüfungstipp

Beachte bitte, dass du bei der Prüfung ein Wörterbuch benutzen darfst und in Zweifelsfällen zur Rechtschreibung oder Zeichensetzung dort nachschlagen kannst (auch im Regelteil vorne). Nutze diese Chance!

s-Laute richtig schreiben

1 *Lies die Regeln A–E und ergänze jeweils mindestens drei weitere Beispiele.*

A Der stimmhafte (summende) *s*-Laut nach einem lang gesprochenen Vokal wird in der Regel mit einfachem *s* geschrieben.

Beispiele: *Hase,* ______________________________

B Auch der stimmlose *s*-Laut wird mit einfachem *s* geschrieben, wenn es verwandte Wörter mit stimmhaftem *s* gibt.

Beispiele: *Los – Lose,* ______________________________

C Nach kurzem betontem Vokal wird der stimmlose (zischende) *s*-Laut meistens mit *ss* geschrieben.

Beispiele: *Tasse,* ______________________________

D Nach langem betontem Vokal oder Diphtong (*au, ei, eu* ...) wird der stimmlose *s*-Laut mit *ß* geschrieben.

Beispiele: *Grüße, fließen,* ______________________________

E Wörter mit den Endungen *-nis* werden im Singular immer mit einfachem *s* geschrieben. Im Plural steht jedoch *ss*.

Beispiele: *Wagnis – Wagnisse,* ______________________________

2 **a)** *Setze bei den Beispielen in der linken Spalte den richtigen s-Laut ein.*

b) *Gib in der rechten Spalte den Buchstaben der passenden Regel (A–E) aus Aufgabe 1 an.*

Beispiel	Regel
Wa______er	C
äu______erst	
Fa______	
gro______	

Beispiel	Regel
Ereigni______	
Gla______	
Verge______lichkeit	
blo______	

das und *dass* richtig verwenden

1 **a)** *Ergänze die Lücken in den folgenden Regeln mithilfe der Angaben im Wortspeicher.*

b) *Formuliere zu den Regeln A–D jeweils einen passenden Beispielsatz.*

Nebensatz • Artikel • Konjunktion • ein • welches • Demonstrativpronomen • dieses • jenes • Relativpronomen

A) Das Wort *das* übernimmt im Satz die Aufgabe des Begleiters eines Nomens (= ______________).

Das Ersatzwort lautet: ______________.

Beispielsatz: ______________________________

____

B) Das Wort *das* übernimmt im Satz die Aufgabe des hinweisenden Fürwortes (= ______________).

Die Ersatzwörter lauten: ______________ und ______________.

Beispielsatz: ______________________________

____

C) Das Wort *das* übernimmt im Satz die Aufgabe des bezüglichen Fürwortes (= ______________).

Das Ersatzwort lautet: ______________.

Beispielsatz: ______________________________

____

D) Das Wort *dass* übernimmt im Satz immer die Aufgabe eines Bindewortes (= ______________) und leitet immer einen ______________ ein. Eine Ersatzprobe ist nicht möglich.

Beispielsatz: ______________________________

____

2 *Setze in den Beispielsätzen der Tabelle „das" oder „dass" richtig ein und gib in der rechten Spalte den Buchstaben der passenden Regel aus Aufgabe 1 (Seite 54) an.*

Beispielsatz	Regel
Ich habe gehört, ___________ es gesund ist, fünf Portionen Obst oder Gemüse am Tag zu essen.	
Das Mineralwasser, ___________ wir im Supermarkt kaufen, ist meist nicht besser als Leitungswasser.	
Es ist richtig, ___________ man vor besonderer sportlicher Anstrengung viele Kohlenhydrate, z. B. in Form von Nudeln, zu sich nehmen soll.	
___________ ich beim Staffellauf so gut abgeschnitten habe, verdanke ich meinem regelmäßigen Training.	
___________ Lauftraining macht mir sehr viel Spaß.	
Im See zu schwimmen ist für mich ___________ Schönste im Sommer.	
___________ Fitness-Studio ist das beste von allen.	
Das Fahrrad, ___________ ich dir gestern gezeigt habe, gefällt mir am besten.	
Ich hoffe, ___________ wir in den nächsten Ferien eine Fahrradtour machen können.	
___________ regelmäßige körperliche Bewegung glücklich macht, ist erwiesen.	
Es ist aber auch wichtig, ___________ man es nicht übertreibt.	

3 *Setze in den folgenden Text „das" oder „dass" richtig ein.*
Schreibe in Klammern die Abkürzung der jeweiligen Wortart.

A = Artikel K = Konjunktion D = Demonstrativpronomen R = Relativpronomen

Es ist bekannt, ___________ (____) ___________ (____) Schwänzen von Unterricht kein harmloses

Vergehen ist. Viele Schüler denken nicht daran, ___________ (____) dieses Verhalten ernsthafte Konsequenzen hat.

Manche Eltern missbilligen ___________ (____) Schwänzen ihrer Kinder, können ___________ (____)

Verhalten aber nur bedingt beeinflussen. Fernbleiben vom Unterricht, für ___________ (____) keine Entschuldigung vorliegt, häuft sich bei Schülern oft dann, wenn diese in die Pubertät kommen.

___________ (____) Verweigern des Schulbesuchs kann auch psychische Gründe haben.

_____ (____) müssen Eltern und Pädagogen beachten, um _____ (____) Kind zu unterstützen.

__________ (____) Mobbing der einzige Grund für __________ (____) Schwänzen ist,

__________ (____) behauptet wohl niemand, man sollte es aber mit in Betracht ziehen.

Nominalisierte Verben großschreiben

1 *Verbinde die folgenden Regeln (A–E) in der linken Spalte mit passenden Beispielsätzen in der rechten Spalte.*

Man erkennt an folgenden Signalwörtern, dass ein Verb nominalisiert ist und damit großgeschrieben werden muss:	Beispielsätze
A Vor dem Verb steht ein **Artikel**. B Das Verb steht allein, aber man **könnte einen Artikel davorsetzen**. C Vor dem Verb steht eine **Präposition, die mit einem Artikel verschmolzen** ist: *am, beim, vom, zum, im, aufs, ums, ins*. D Vor dem Verb steht ein **Pronomen**. E Vor dem Verb steht ein **Adjektiv**.	1. Das **Mitarbeiten** während des Unterrichts ist manchmal anstrengend. 2. Anstrengendes **Nachdenken** kann zu Müdigkeit führen. 3. Oft ist **Rechnen** nicht so beliebt. 4. Beim **Nachdenken** sollten Lehrer nicht gestört werden. 5. Ihr **Schnarchen** störte den Tischnachbarn erheblich. 6. Nachhaltiges **Arbeiten** führt in der Regel zum Erfolg. 7. **Rennen**, **Springen** und **Werfen** setzen aber auch ein gewisses Talent voraus. 8. Ums **Mitdenken** kommt man oft nicht herum. 9. Sein **Rufen** ließ die erschöpfte Schülerin aufschrecken.

2 **a)** *Prüfe die Beispielsätze unten auf die richtige Groß- und Kleinschreibung. Gehe dabei so vor:*
- Markiere die Signalwörter,
- streiche die falsch geschriebenen Wörter durch und
- schreibe sie zusammen mit dem Signalwort in der richtigen Schreibung in die mittlere Spalte.

b) *Vermerke hinter jedem Satz, um welche Art von Signalwort (A–E aus Aufgabe 1) es sich jeweils handelt.*

Beispielsatz	Richtige Schreibung	Regel
1 Ich werde beim ~~schreiben~~ schnell müde.	*beim*	C
2 Zum trinken gibt es in der Schulmensa nur Wasser und Saft.		
3 Sein jammern über die viele Arbeit verhallt.		
4 Konzentriertes üben ist die beste Vorbereitung.		
5 Auch lernen will gelernt sein.		

Nominalisierte Adjektive großschreiben

1 *Verbinde die folgenden Regeln (A–D) in der linken Spalte mit passenden Beispielsätzen in der rechten Spalte.*

Man erkennt an folgenden Signalwörtern, dass ein Adjektiv nominalisiert ist und damit großgeschrieben werden muss:

- A Vor dem Adjektiv steht ein **Artikel**.
- B Vor dem Adjektiv steht eine **Präposition, die meist mit einem Artikel verschmolzen ist**: *am, beim, vom, zum, im, aufs, ums, ins.*
- C Vor dem Adjektiv steht ein **Indefinitpronomen** (eine unbestimmte Mengenangabe): *viel, wenig, nichts, etwas, manches, allerlei.*
- D Das Adjektiv steht allein, aber man **könnte Artikel oder Mengenangabe davorsetzen**.

Beispielsätze

1. Das **Wichtigste** einer Unterrichtsstunde wird in einem Protokoll zusammengefasst.
2. Der Lehrer gibt häufig Anekdoten zum **Besten**.
3. Das **Interessanteste** erfährt man meistens in den Pausen.
4. Morgen fällt **Tanzen** aus.
5. Letztlich wendet sich alles zum **Guten**.
6. Die Laune unseres Mathematiklehrers verhieß nichts **Gutes**.
7. Für unsere Hausaufgaben ließ sich unser Lehrer allerlei **Kompliziertes** einfallen.

Prüfungstipp

Die **Zahladjektive** *die einen, die anderen, die meisten, das meiste* werden immer kleingeschrieben.
Adjektive im Superlativ mit *am* werden wie alle Adjektive kleingeschrieben, z. B. *am besten, am meisten.*

2 **a)** *Prüfe die Beispielsätze der folgenden Tabelle auf die richtige Groß- und Kleinschreibung. Gehe dabei so vor:*

- Markiere die Signalwörter,
- streiche die falsch geschriebenen Wörter durch und
- schreibe sie zusammen mit dem Signalwort in der richtigen Schreibung in die mittlere Spalte.

b) *Vermerke hinter jedem Satz, um welche Art von Signalwort (A–D aus Aufgabe 1) es sich handelt.*

Beispielsatz	Richtige Schreibung	Regel
1 Eben habe ich etwas ~~komisches~~ gesehen.	*etwas*	C
2 Das schöne an den Ferien ist das Ausschlafen.		
3 Für die bevorstehende Prüfung wünschen wir dir alles gute.		
4 Aus meiner Sicht steht dir rot immer noch am besten.		
5 Die Blumen sind nichts besonderes.		
6 Er ist eindeutig der schnellste.		

Zeichensetzung

1 **a)** *Lies die Regeln A–E und ergänze jeweils einen zweiten Beispielsatz.*

A **Das Komma trennt in Aufzählungen Wörter und Wortgruppen.**

1. Beispiel: *Der Prüfling hat den Text gelesen, verstanden, die Aufgaben bearbeitet und Korrektur gelesen.*

2. Beispiel: ______

B **Das Komma trennt Hauptsätze.**

1. Beispiel: *Die Prüfung ist vorbei, alle Prüflinge haben bestanden.*

2. Beispiel: ______

C **Das Komma trennt Haupt- von Nebensätzen.**

1. Beispiel: *Da mein Freund am Prüfungstag krank war, wurde er später geprüft.*

2. Beispiel: ______

D **Das Komma trennt wörtliche Rede von Redebegleitsätzen.**

1. Beispiel: *„Nur keine Panik“, beruhigte die Lehrerin, „du schaffst das schon!“*

2. Beispiel: ______

E **Das Komma trennt bestimmte Infinitivgruppen.**

1. Beispiel: *Ich habe nicht damit gerechnet, eine so gute Note zu erzielen.*

2. Beispiel: ______

b) *Beantworte zu den 1. Beispielsätzen der Regeln A–E folgende Fragen.*
Zu A: Warum steht zwischen der Aufzählung der dritten und vierten Wortgruppe kein Komma?
Zu B: Aus welchen Satzgliedern bestehen die beiden Hauptsätze jeweils?
Zu C: Um welche Art von Nebensatz handelt es sich und wie wird er eingeleitet?
Zu D: Schreibe den Satz neu und setze den Redebegleitsatz nach hinten.
Zu E: Warum muss im Satz „Die Hoffnung zu bestehen hatten alle“ kein Komma stehen?

2 *Notiere auf der Schreiblinie den Buchstaben der Regel A–E, die das Komma erklärt.*

Dort kommt die neue Schülerin, die heute wieder umwerfend aussieht. ______ Wir sind in Mathe, Englisch, Ethik, Bio und Mechatronik zusammen. ______ Obwohl ich an der Bushaltestelle Ausschau nach ihr hielt, sah ich sie nicht. ______ In Mathe fehlte sie, Deutsch habe ich im anderen Kurs, in Ethik war sie dann da. ______ Ohne aufgeregt zu sein, sprach ich sie an. „Hi, du bist spät heute“, hörte ich mich sagen. ______

Wichtige Rechtschreibstrategien nutzen

1 *Verbinde die folgenden Satzteile so miteinander, dass sinnvolle Rechtschreibstrategien entstehen.*

A Ich zerlege ein mehrsilbiges Wort durch langsames, betontes Sprechen in Silben, ...
B Ich bilde die Verlängerung eines Wortes, ...
C Ich suche ein verwandtes Wort oder die Grundform eines Wortes (den Wortursprung), ...
D Ich achte auf typische Endungen für Adjektive und Nomen, ...
E Ich überprüfe die Wortart eines Wortes, ...
F Ich achte auf die Vokallänge, ...
G Ich achte auf Signalwörter, wie z. B. Artikel, versteckte Artikel, Possessivpronomen oder Indefinitpronomen, ...

- um den richtigen Auslaut zu ermitteln.
- um Aufbau und Schreibweise des Wortes zu erkennen.
- um die richtige Groß- oder Kleinschreibung zu ermitteln.
- um die richtige Schreibweise für die folgenden Konsonanten zu finden.
- um die Schreibung des Wortstamms zu erkennen.
- um nominalisierte Verben und Adjektive zu erkennen und großzuschreiben.
- um die Groß- und Kleinschreibung zu erkennen.

2 *Welche der Strategien (A–G) aus Aufgabe 1 helfen dir, die markierten Stellen im Wort korrekt zu schreiben? Notiere sie in der rechten Spalte.*

Satz	Rechtschreibstrategie
Ich trainiere regelmäßig auf dem Fußballplatz.	
Nach der Prüfung sind alle erleichtert und glücklich.	
Die Sträucher im Garten stehen in voller Blüte.	
Ich wünsche dir alles Gute zu deinem Geburtstag.	
Ich habe meine Freunde nicht verraten.	
Meine Worte sorgen stets für Heiterkeit.	
Beim Fernsehen möchte ich gern etwas knabbern.	
Ich putze mein Fahrrad heute besonders gründlich.	

Aktiv/Passiv

1 *Sieh dir die Tabelle mit den Zeitformen in der 3. Person Singular genau an und ergänze jeweils einen Beispielsatz in der 3. Person Plural.*

	Aktiv	Passiv
Regel	Verb (*suchen*) in den entsprechenden Personal- und Tempusformen	„*werden*" in der entsprechenden Personal- und Tempusform + Partizip II des Verbs (*suchen*)
Präsens	Sina **sucht** die Klasse. Eva und Tim ____________ die Mitschüler.	Die Klasse **wird** (von Sina) **gesucht**. Die Mitschüler ____________ (von Eva und Tim) ____________.
Futur I	Sina **wird** die Klasse **suchen**. Eva und Tim ____________ die Mitschüler ____________.	Die Klasse **wird** (von Sina) **gesucht werden.** Die Mitschüler ____________ (von Eva und Tim) ____________ ____________.
Präteritum	Sina **suchte** die Klasse. Eva und Tim ____________ die Mitschüler .	Die Klasse **wurde** (von Sina) **gesucht.** Die Mitschüler ____________ (von Eva und Tim)____________.
Perfekt	Sina **hat** die Klasse **gesucht**. Eva und Tim ____________ die Mitschüler ____________.	Die Klasse **ist** (von Sina) **gesucht worden.** Die Mitschüler ____________ (von Eva und Tim) ____________ ____________.
Plusquam-perfekt	Sina **hatte** die Klasse **gesucht**. Eva und Tim ____________ die Mitschüler ____________.	Die Klasse **war** (von Sina) **gesucht worden.** Die Mitschüler ____________ (von Eva und Tim) ____________ ____________.

So könnte eine Prüfungsaufgabe aussehen:

Forme die folgenden Sätze jeweils in die Aktiv- oder Passivform um. Die vorgegebene Zeitform und die inhaltliche Aussage des Satzes müssen beibehalten werden. ___ / 3 P.

Aktiv	Passiv
____________	*Ich werde von meinen Eltern unterstützt.*
Vielleicht wird euch euer Lehrer unterstützen.	____________
Die Direktorin plante mit uns zusammen die Abschlussfeier.	____________

5. Musterprüfungen

Musterprüfung 1: Einen epischen Text verstehen

Hinweis:

In der Prüfung erwarten dich drei Prüfungsteile: Erstens musst du einen Text lesen und Aufgaben dazu beantworten (Prüfungsteil I: Lesen). Zweitens musst einen eigenen Text schreiben (Prüfungsteil II. A: Textproduktion) und drittens musst du Aufgaben zu Rechtschreibung/Zeichensetzung und Grammatik lösen (Prüfungsteil II. B: Sprachliche Richtigkeit).

Die Leserin *Martin Auer*

Es war einmal eine junge Frau, die nichts lieber tat als lesen. Jeden Morgen, wenn sie zur Arbeit fuhr, kaufte sie sich am Bahnhof eines dieser bunten Romanheftchen. In der U-Bahn hatte sie fünfzehn Minuten Zeit zum Lesen, dann bis zu fünf Minuten, während sie auf den Bus wartete, und dann noch einmal sechs Minuten im Bus. So konnte sie genug von dem Roman lesen, um den Rest des Vormittags darüber nachzudenken und die Handlung weiterzuträumen. Sie hatte schon versucht, die Romane mit an die Supermarktkasse zu nehmen (sie arbeitete als Kassiererin in Johnsons Traumpreis-Center) und ein bisschen zu lesen, wenn keine Kunden kamen, aber das hatte ihr der Filialleiter verboten. Wenn keine Kunden an der Kasse waren, mussten die Kassiererinnen mithelfen, Waren in die Regale zu ordnen und mit Preiszetteln zu bekleben.

In ihrer Mittagspause kam sie dann ungefähr bis zur Mitte des Romans, und beim Nachhausefahren las sie noch ein Stückchen. Dann machte sie sich das Abendessen, deckte den Tisch mit Messer, Gabel, Teller und Roman und las während des Essens. Nach dem Abwasch kuschelte sie sich ins Bett und las den Roman zu Ende.

Ihre Lieblingsserie waren die „Südsee-Romane“. Leider erschienen die nur einmal in der Woche, und so musste sie natürlich auch „Romane mit Herz“, „Romane des Schicksals“ und „Love-Stories: Leidenschaft, die man fühlen kann“ nehmen. Aber auf den Donnerstag freute sie sich mehr als auf den Sonntag; denn am Donnerstag erschien der neue „Südsee-Roman“. Natürlich las sie den gleich, aber am Sonntag las sie ihn noch einmal.

Und so las und träumte sie von der Südsee: Von Segeljachten und sonnengebräunten, sehnigen Surfern, von geheimnisvollen Chinesen, die dunkle Geschäfte mit hawaiischen Perlenfischerinnen machten, von Falschspielern in den Spielcasinos von Honolulu, von der wunderschönen Tochter eines amerikanischen Matrosen und einer hawaiischen Prinzessin, die in Nachtklubs auftrat, und sie vergaß ihre langweilige Arbeit im Supermarkt. Und ihre Mutter, die ständig an ihr herumnörgelte, weil sie immer noch nicht verheiratet war. Und ihre Arbeitskolleginnen, die sich immer ein bisschen über sie lustig machten, und überhaupt alles andere.

Jede Woche aber spielte sie zweimal Lotto. Mit der heimlichen Hoffnung, einmal so viel Geld zu gewinnen, dass sie damit in die Südsee fahren konnte. Und tatsächlich, das Unglaubliche geschah. Eines Tages gewann sie. Sie nahm Urlaub, buchte einen Flug und packte ihre Koffer voll mit bunten Heftchen. Und dann lag sie drei Wochen lang am Strand von Honolulu vor ihrem Hotelhochhaus und las Südsee-Romane.

Teil I: Lesen

1 *Kreuze die richtige Aussage an. Es gibt jeweils nur eine richtige Lösung.* ___ / 6 P.

a) Die Hauptfigur in der Erzählung ist

- ☐ eine etwa 50-jährige Frau.
- ☐ eine junge Frau.
- ☐ die Mutter einer jungen Frau.

b) Von Beruf ist sie

- ☐ Probeleserin für einen Verlag.
- ☐ Filialleiterin in Johnsons Traumpreis-Center.
- ☐ Kassiererin in einem Supermarkt.

c) Sie liest gern

- ☐ dicke Romane.
- ☐ Romanhefte.
- ☐ Prominentengeschichten in bunten Illustrierten.

d) Die Hauptfigur kauft ihren Lesestoff

- ☐ am Bahnhof.
- ☐ im Supermarkt.
- ☐ in einer Buchhandlung.

e) Ihre Lieblingslektüre sind

- ☐ Kriminalgeschichten.
- ☐ Liebesromane.
- ☐ Südsee-Romane.

f) So reagieren ihre Arbeitskolleginnen auf ihr Hobby:

- ☐ Sie bewundern sie.
- ☐ Sie verstehen ihr Hobby nicht und nörgeln an ihr rum.
- ☐ Sie verspotten sie.

2 *Kreuze die richtige Aussage an. Es gibt jeweils nur eine richtige Lösung.* ___ / 3 P.

a) „dunkel“ (vgl. Z. 41) bedeutet hier, die Geschäfte sind

- ☐ nicht legal.
- ☐ bei Nacht getätigt.
- ☐ auf gut Glück abgeschlossen.
- ☐ bargeldlos.

b) die Handlung „weiterträumen“ (vgl. Z. 10 f.) bedeutet hier

- ☐ kurz schlafen.
- ☐ die Geschichte in Gedanken fortsetzen.
- ☐ weiter lesen.
- ☐ sich ein anderes Ende ausdenken.

c) „Lieblingsserie“ (Z. 28) bedeutet hier

- ☐ die meistgeliebte Fernsehsendung.
- ☐ das beliebte bunte Heftformat.
- ☐ die meistgeliebte Radiosendung.
- ☐ die meistgeliebte Romanart.

3 **a)** *Welche der folgenden Aussagen sind richtig? Im Text steht, die Hauptfigur lese* ___ / 2 P.

A jeden Morgen fünf Minuten lang auf dem Weg zur U-Bahn.
B jeden Morgen fünfzehn Minuten lang in der U-Bahn.
C im Bahnhof zirka zehn Minuten, wenn sie auf den Zug wartet.
D morgens an der Bushaltestelle und im Bus.
E während der Arbeit zirka 30 Minuten lang.
F nicht in ihrer Mittagspause.
G während des Abendessens.

Kreuze die richtige Antwort an.

- ☐ Alle Antworten A–G stehen im Text.
- ☐ Nur B und G stehen im Text.
- ☐ Nur B, D und G stehen im Text.
- ☐ Nur A, D und F stehen im Text.

3 b) *Welche der folgenden Aussagen sind richtig?* ___ / 2 P.

Im Text steht, dass die Frau
A seit Jahren einmal pro Woche Lotto spielt.
B eines Tages im Lotto gewinnt.
C ihre Arbeit kündigt und nach Honolulu zieht.
D Urlaub nimmt und für drei Wochen nach Honolulu fliegt.
E drei Wochen lang am Strand Südsee-Romane liest.
F drei Wochen lang die Surfer und die dunklen Geschäfte der Perlenfischerinnen beobachtet.

Kreuze die richtige Antwort an.

- [ ] Nur A, B, D und E stehen im Text.
- [ ] Nur B und C stehen im Text.
- [ ] Nur A, B und F stehen im Text.
- [ ] Nur B, D und E stehen im Text.

4 *Ordne den Zitaten die passenden sprachlichen Mittel zu.* ___ / 2 P.

Sprachliche Mittel: Alliteration, Ellipse, Euphemismus, Neologismus, Personifikation, Vergleich

Info

Einige sprachliche Mittel können zu mehreren Textstellen passen, andere zu keinen.

Zitat	Sprachl. Mittel
„sonnengebräunten, sehnigen Surfern." (Z. 39 f.)	
„Und ihre Mutter, die ständig an ihr herumnörgelte" (Z. 47 f.)	

5 *Benenne die Erzählperspektive der Geschichte.* ___ / 1 P.

____

6 *Nenne drei Merkmale einer Kurzgeschichte und belege sie anhand von Textstellen.* ___ / 6 P.

____
____
____
____
____
____
____
____
____
____
____

7 *Zitiere drei Textstellen, die die Lieblingsbeschäftigung der Hauptfigur belegen.* ___ / 3 P.

8 *Erläutere zwei Charaktereigenschaften der Hauptfigur anhand von Textstellen.* ___ / 4 P.

9 *„Die Hauptfigur lebt mehr in der Welt ihrer Romane als in der realen Welt."*
Belege diese Aussage anhand von drei Textbeispielen. ___ / 6 P.

10 *„Das Ende der Erzählung hat mich überrascht.“ Begründe deine Zustimmung oder Ablehnung zu dieser Behauptung anhand von zwei Textstellen. Schreibe in dein Heft.* ___ / 5 P.

Teil II: Schreiben

Teil II. A: Textproduktion (Wahlaufgabe)

Wähle eine der beiden folgenden Aufgaben aus und bearbeite sie.

A *Beschreibung*
Deine Oma tritt die erste Flugreise ihres Lebens an. Beschreibe für sie den genauen Ablauf am Flughafen – von der Kofferaufgabe über die Sicherheitskontrolle bis zum Einsteigen ins Flugzeug.

Oder

B *Bericht*
Schreibe für das Jahrbuch deiner Schule einen Bericht über einen Ausflug oder eine Reise deiner Klasse in diesem Schuljahr in eine Stadt. Der Bericht soll Informationen über den Anlass, die Teilnehmerinnen und Teilnehmer, die geplanten Programmpunkte und Aktivitäten und den tatsächlichen Ablauf enthalten.

Dein Text (Beschreibung oder Bericht) wird wie folgt bewertet:

	Punkte
Aufbau/Inhalt (z.B. Überschrift, Einleitung, Hauptteil, Schluss, „roter Faden“)	24
Sprachangemessenheit (Wortschatz, Satzbau, Ausdruck)	12
Sprachrichtigkeit (Rechtschreibung, Grammatik, Zeichensetzung)	4
Summe	**40**

Teil II.B: Sprachliche Richtigkeit

1 *Markiere und verbessere in der folgenden Erzählung eines Schülers die 12 Rechtschreib- und Zeichensetzungsfehler. Schreibe die jeweils verbesserte Schreibweise unter die fehlerhafte Stelle.* ___ / 6 P.

Es war früh am morgen auf der Südsee-Insel. Die Palmen wiegten sich im feuchten Sommerwind, und die Luft die bereits die Regenzeit ankündigte roch süßlich. Bis auf das rauschen des Mehres und das muntere Gezwitscher der einheimischen Vögel war nichts zu hören. Doch paradisische Zustände können sich schnell ändern. Es verhieß nichts Gutes als das hellblaue Fischerboot am Ufer anlegte. Ein etwa zwanzigjähriger, mit einem dunklen Anzug und Krawatte bekleidet, stieg aus dem Fischerkutter. Man sah sofort das er darin wie ein Fremdkörper wirkte. Direkt hinter ihm folgte ein stark gebräunter Einheimischer in einem bunten Hawaii-Hemd, das vorn bis weit nach unten aufgeknöpft war sodass die Brusthaare und sein Bauch herausquollen. Er trieb den jungen Mann, desen Hände auf dem Rücken provisorisch zusammengebunden waren, vor sich her und schrie dabei: „Schneller! Schneller!“

2 *Wähle die jeweils zutreffende Begründung aus, warum in den folgenden Sätzen ein Komma stehen muss. Ergänze den entsprechenden Buchstaben.* ___ / 4 P.

Begründungen:

A *Das Komma trennt Aufzählungen von Wörtern und Wortgruppen.*
B *Das Komma trennt Hauptsätze.*
C *Das Komma trennt Haupt- von Nebensätzen.*
D *Das Komma trennt bestimmte Infinitivgruppen ab.*
E *Das Komma trennt wörtliche Rede von Redebegleitsätzen.*

Satz	Begründung
Man konnte schon erahnen, dass hier etwas nicht stimmte.	
Plötzlich ertönte ein lauter Pfiff, aber der Einheimische zeigte keine Reaktion.	
„Versteckt die Kisten!“, rief der Einheimische plötzlich auftauchenden Gestalten entgegen.	
Mit ziemlicher Sicherheit befanden sich in den Kisten Gewehre, Schmuggelware oder andere verbotene Waren.	

3 *Groß- oder Kleinschreibung? In den folgenden Sätzen befindet sich jeweils ein falsch geschriebenes Wort. Kreise die falsch geschriebenen Wörter ein.* ___ / 5 P.

A *Inzwischen waren drei Wochen vergangen, als Abends erneut ein Fischerboot auf die Insel zusteuerte.*
B *Ganz schwach spiegelte sich das rot der Abendsonne im ruhigen Meer.*
C *Bei den ankommenden schien es sich wieder um keine gewöhnlichen Fischer zu handeln.*
D *Der Einheimische gab sofort seinen Kameraden bescheid.*
E *Es sollte eine besondere Bedeutung haben, dass dieses mal eine Frau mit an Bord war.*

4 *Nenne die jeweils passende Strategie, die du zur korrekten Schreibung der markierten Stelle anwendest. Hinweis: Zu einem Wort passen mehrere Strategien.* ___ / 5 P.

Strategien:

A *Ich achte auf die Vor- oder Nachsilbe.*
B *Ich bilde die Verlängerung des Wortes und beachte die Endung.*
C *Ich beachte den Wortursprung.*
D *Ich achte auf Signalwörter.*
E *Ich achte auf die Vokallänge.*

Satz	Strategie
Das Lesen von Südsee-Romanen war schon im 18. Jahrhundert populär.	
Der Begriff „Südsee“ bezeichnet das Gebiet der Inseln im Südpazifik.	
Diese Region ist verbunden mit der Vorstellung vom Paradies.	
Südsee-Romane bieten die Möglichkeit zur Flucht in abenteuerliche Tagträume.	
Die Darstellung der Südsee-Welt in den Romanen hat meist wenig mit der Wirklichkeit zu tun.	

Musterprüfung 2: Ein Gedicht verstehen

Willkommen und Abschied (1789) *Johann Wolfgang Goethe*

Es schlug mein Herz, geschwind zu Pferde!
Es war getan fast eh gedacht.
Der Abend wiegte schon die Erde,
Und an den Bergen hing die Nacht;
Schon stand im Nebelkleid die Eiche,
Ein aufgetürmter Riese, da,
Wo Finsternis aus dem Gesträuche
Mit hundert schwarzen Augen sah.

Der Mond von einem Wolkenhügel
Sah kläglich aus dem Duft hervor,
Die Winde schwangen leise Flügel,
Umsausten schauerlich mein Ohr;
Die Nacht schuf tausend Ungeheuer,
Doch frisch und fröhlich war mein Mut:
In meinen Adern welches Feuer!
In meinem Herzen welche Glut!

Dich sah ich, und die milde Freude
Floss von dem süßen Blick auf mich;
Ganz war mein Herz an deiner Seite
Und jeder Atemzug für dich.
Ein rosenfarbnes Frühlingswetter
Umgab das liebliche Gesicht,
Und Zärtlichkeit für mich – ihr Götter!
Ich hofft' es, ich verdient' es nicht!

Doch ach, schon mit der Morgensonne
Verengt der Abschied mir das Herz:
In deinen Küssen welche Wonne!
In deinem Auge welcher Schmerz!
Ich ging, du standst und sahst zur Erden
Und sahst mir nach mit nassem Blick:
Und doch, welch Glück, geliebt zu werden!
Und lieben, Götter, welch ein Glück!

Teil I: Lesen

1 *Kreuze die richtige Aussage an. Es gibt jeweils nur eine richtige Lösung.* ___ / 5 P.

a) Das Gedicht spielt

- ☐ vom Morgen bis zum Abend.
- ☐ vom Abend bis zur Mitternacht.
- ☐ vom Abend bis zum nächsten Morgen.
- ☐ über drei Tage.

b) Das Gedicht spielt

- ☐ in einer Stadt und einem Frühlingswald.
- ☐ in der Natur und im Haus der Geliebten.
- ☐ in der Natur und im Haus des lyrischen Ichs.
- ☐ in einer Berglandschaft in einer Fantasiewelt.

c) Das lyrische Ich ist in den ersten beiden Strophen folgendermaßen unterwegs:

- ☐ Es wandert.
- ☐ Es fliegt.
- ☐ Es reitet.

d) Das Thema der zweiten Strophe ist

- ☐ der Beschluss loszureiten, um die Geliebte zu sehen.
- ☐ das nächtliche Gewitter.
- ☐ der Spuk nächtlicher Ungeheuer.
- ☐ der bedrohliche Ritt durch die nächtliche Landschaft.

e) In der dritten Strophe ist das lyrische Ich

- ☐ glücklich. ☐ gleichgültig.
- ☐ verhext. ☐ respektvoll.

2 *Kreuze die richtige Aussage an. Es gibt jeweils nur eine richtige Lösung.* ___ / 5 P.

a) „eh" (V. 2) bedeutet hier

☐ bevor ☐ ohnehin ☐ sowieso ☐ selbstverständlich

b) „schauerlich" (V. 12) bedeutet hier

☐ sehr kalt ☐ mit Regen ☐ laut ☐ unheimlich

c) „schuf" (V. 13) bedeutet hier

☐ arbeitete hart ☐ kreierte/gestaltete ☐ wirkte ☐ verlangte

d) „zur Erden" (V. 29) bedeutet hier

☐ zu einem Globus ☐ nach unten ☐ zum Pferd ☐ in den Himmel

e) „mit nassem Blick" (V. 30) bedeutet hier

☐ verliebt schauend ☐ verträumt blickend ☐ vom Regen durchnässt ☐ mit Tränen

3 a) *Welche der folgenden Aussagen sind richtig?* ___ / 2 P.

A Das Gedicht besteht aus acht Strophen zu je vier Versen.
B Ein lyrisches Ich spricht in der 1. Person Singular.
C Über die Geliebte wird in der 2. Person Singular gesprochen.
D Das Gedicht steht fast durchgehend im Präteritum.

Kreuze die richtige Antwort an.

- ☐ Alle Antworten A–D stehen im Text.
- ☐ Nur B, C und D stehen im Text.
- ☐ Nur B und D stehen im Text.
- ☐ Nur A, B und D stehen im Text.

3 b) *Welche der folgenden Aussagen sind richtig?* ___ / 2 P.

A Im Gedicht stehen abwechselnd weibliche und männliche Kadenzen.
B Das Enjambement wird häufig verwendet.
C Das Gedicht ist im Kreuzreim verfasst.
D Der ständige Wechsel des Metrums unterstreicht die Verwirrung der Gefühle.

Kreuze die richtige Antwort an.

- ☐ Alle Antworten A–D stehen im Text.
- ☐ Nur B, C und D stehen im Text.
- ☐ Nur C und D stehen im Text.
- ☐ Nur A, B und C stehen im Text.

4 *Ordne den Zitaten die passenden sprachlichen Mittel zu.* ___ / 7 P.

Alliteration, Anapher, Ellipse, Hyperbel, Metapher, Neologismus, Parallelismus, Personifikation

Info
Einige sprachliche Mittel können zu mehreren Textstellen passen, andere zu keinen.

Zitat	Sprachliches Mittel
„Der Abend wiegte [...] die Erde“ (V. 3)	
„[...] im Nebelkleid die Eiche“ (V. 5)	
„Mit hundert schwarzen Augen“ (V. 8)	
„Der Mond [...] sah kläglich aus dem Duft hervor“ (V. 9 f.)	
„frisch und fröhlich“ (V. 14)	
„Ein rosenfarbnes Frühlingswetter“ (V. 21)	
„In deinen Küssen welche Wonne! / In deinem Auge welcher Schmerz! (V. 27 f.)	

5 a) *Erkläre zwei Metaphern aus dem Gedicht, mit denen die Gefühle des lyrischen Ichs dargestellt werden.* ___ / 4 P.

b) *Erkläre zwei Personifikationen aus dem Gedicht, mit denen die Tageszeit oder die Natur dargestellt werden.* ___ / 4 P.

6 *Zitiere zwei Textstellen, die zeigen, dass das Gedicht den Zeitraum vom Abend bis zum nächsten Morgen umfasst.* ___ / 2 P.

7 *Zitiere zwei Textstellen, die zeigen, dass das lyrische Ich auf Gegenliebe stößt.* ___ / 2 P.

8 *„Goethe könnte mit seinem Gedicht ausdrücken wollen, dass Liebe die Menschen manchmal zu unvernünftigen Dingen verleitet. Allein das Gefühl, zu lieben und geliebt zu werden, ist die Mühe wert. Für ihn zählt allein die Liebe."*
Begründe diese Aussage anhand von drei Textstellen in deinem Heft. ___ / 7 P.

Teil II: Schreiben

Teil II. A: Textproduktion (Wahlaufgabe)

Wähle eine der beiden folgenden Aufgaben aus und bearbeite sie.

A Die letzten vier Verse des Gedichts „Willkommen und Abschied" lauten:
„Ich ging, du standst und sahst zur Erden / Und sahst mir nach mit nassem Blick: /
Und doch, welch Glück, geliebt zu werden! / Und lieben, Götter, welch ein Glück!"
Schreibe passend zu diesen vier Versen eine Erzählung über die Liebe zweier Menschen.

Oder

B Ein Schüler deiner Schule verliebt sich während einer Austauschreise in ein Mädchen aus England. Nach seiner Rückkehr wendet er sich anonym an das Ratgeber-Team der Schülerzeitung mit der Frage, ob eine solche Beziehung auf Distanz funktionieren kann. Schreibe für die Ratgeber-Seite der Schülerzeitung anonym einen Brief an den Schüler, in dem du Vor-und Nachteile einer Fernbeziehung abwägst und deine persönliche Meinung zu der Frage mit Begründung formulierst.

Dein Text (Erzählung oder Argumentation) wird wie folgt bewertet:

	Punkte
Aufbau/Inhalt (z.B. Überschrift, Einleitung, Hauptteil, Schluss, „roter Faden")	24
Sprachangemessenheit (Wortschatz, Satzbau, Ausdruck)	12
Sprachrichtigkeit (Rechtschreibung, Grammatik, Zeichensetzung)	4
Summe	**40**

Teil II.B: Sprachliche Richtigkeit

1 *Markiere und verbessere in dem folgenden Referatstext einer Schülerin zu Johann Wolfgang Goethe die 12 Rechtschreib- und Zeichensetzungsfehler. Schreibe die jeweils verbesserte Schreibweise unter die fehlerhafte Stelle.* ___ / 6 P.

Johann Wolfgang Goethe begann auf weisung des Vaters im Herbst 1765 ein Jurastudium in Leipzig. Im Gegensatz zu Frankfurt war Leipzig damals eine weltoffene Statt in der sich der junge Goethe zunächst in Kleidung und Umgangsformen dem eleganten Lebensstiel anpassen musste. schließlich wollte er von seinen neuen Mitbürgerinnen und -bürgern akzeptiert werden. Er vernachlässigte sein eigendliches Studium und besuchte lieber die Poetik-Vorlesungen. Der junge Erwachsene genoß seine Freiheit: Er besuchte Teateraufführungen oder verbrachte die Zeit mit seinen Freunden. Nach einer Krankheit setzte Goethe 1770 sein Studium in Straßburg fort wo er den älteren Dichter Herder traf. Dieser öffnete ihm die Augen für volkstümliche Poesie. Auf einem Ausritt in die Umgebung lernte Goethe die Pfarrerstochter Friederike Brion kennen und verliebte sich in sie. Das berümte Gedicht „Willkommen und Abschied“ tematisiert die Liebe zu Friederike. Seine starken Gefühle beeinflussten seinen Schreibstil: Goethes Texte wurden freier und stürmischer. Mit diesen ausdrucksstarken Gedichten begründete er eine neue Epoche in der Dichtung. Bei seiner Abreise aus Straßburg beendete der junge Goethe seine Beziehung zu Friederike denn er wollte keine Bindung eingehen.

2 *Groß- oder Kleinschreibung? In vier der folgenden Sätze findet sich jeweils ein falsch geschriebenes Wort. Kreise die falsch geschriebenen Wörter ein.* ___ / 5 P.

A Goethes erster Kontakt mit Literatur waren die Gutenachtgeschichten seiner Mutter.
B Auch das lesen der Bibel in der Familie hatte Einfluss auf ihn.
C Goethes vermögender Vater las am abend oft in seiner rund 2000 Bände umfassenden Bibliothek.
D Zu Weihnachten 1753 erhielt der kleine Goethe von seiner Großmutter das Puppentheater, das er sich im geheimen gewünscht hatte.
E Mit seinen Freunden führte er voller begeisterung Theaterstücke auf.

3 *Wähle die jeweils zutreffende Begründung aus, warum in den folgenden Sätzen ein Komma stehen muss. Ergänze den entsprechenden Buchstaben.* ___ / 4 P.

A Das Komma trennt Aufzählungen von Wörtern und Wortgruppen.
B Das Komma trennt Hauptsätze.
C Das Komma trennt Haupt- von Nebensätzen.
D Das Komma trennt bestimmte Infinitivgruppen ab.
E Das Komma trennt wörtliche Rede von Redebegleitsätzen.

Satz	Begründung
Goethe verfasste zahlreiche Gedichte, Dramen, erzählende Werke, autobiografische, ästhetische sowie naturwissenschaftliche Schriften.	
Um sich mit Freunden über Alltägliches oder Literatur auszutauschen, schrieb er im Laufe seines Lebens eine Vielzahl von Briefen.	
Er war Vorreiter der literarischen Epoche des Sturm und Drang, spätere Werke rechnet man der Weimarer Klassik zu.	
Als er sich inhaltlich und formal den Idealen der Antike zuwandte, wurde er mit Friedrich Schiller zum wichtigsten Vertreter der Weimarer Klassik.	

4 *Setze die Wörter in den Klammern in den richtigen Fall (Genitiv, Dativ oder Akkusativ). Schreibe die Lösung in die Zeile darunter.* ___ / 5 P.

Friederike Brion wurde berühmt durch ihre kurze, aber heftige Liebschaft mit (der junge Goethe). Goethe verliebte sich auf (der erste Blick) in die hübsche Pfarrerstochter aus (das Örtchen) Sesenheim, welches in der Nähe (die elsässische Stadt) Straßburg lag. Goethe und Friederike hielten sich gerne in (die Natur) auf, machten (ein Spaziergang) oder unternahmen (eine Kanufahrt) auf (der nahe gelegene See). Seine starken Gefühle inspirierten (der junge Bursche) zum Dichten (die Sesenheimer Lieder).

Musterprüfung 3: Einen Sachtext verstehen

„Vergiss es!" *Rafaela von Bredow, Dietmar Hipp*

Ein falscher Klick reicht, und schon landet Intimstes im Internet, sichtbar, abrufbar und – für immer. Denn das Gedächtnis des Netzes ist grenzenlos und unauslöschlich. Nutzer wünschen sich einen digitalen Radiergummi, Forscher fordern ein Verfallsdatum für private Daten.

„xxxxxx", vertraut die junge Mitarbeiterin der Nürnberger Arbeitsagentur ihrer Kollegin an. „xxxxxx", klagt sie. Die Freundin tröstet, schimpft: „xxxxxx." So fliegen die Mails hin und her zwischen den beiden Fränkinnen an jenem Junitag, sie berichten sich ihre abendlichen Abenteuer, plaudern über ihre Männer und Ex-Lover. Dann passiert es: Eine der beiden vertippt sich in der Adresszeile. Sie erwischt den ganz großen Verteiler. In den folgenden Sekunden erscheint das intime Duett auf den Bildschirmen aller Kollegen, wenig später kann die ganze Welt mitlesen. Drei Jahre danach hat sich der Schriftverkehr verbreitet wie eine Pandemie, wird immer noch verlinkt, kopiert, verschickt.

Er wird für immer im Netz bleiben. Denn das Internet vergisst nichts. Emsig speichert es noch den mattesten Fußabdruck des flüchtigsten Nutzers. Anders als das menschliche Gehirn sortiert es die eingehende Information nicht nach Bedeutungsgehalt; mit stählerner Unerbittlichkeit rafft die große Erinnerungsmaschine alles auf, was kommt, verleibt es sich ein und lässt es nicht mehr los. Besonders gut funktioniert das, wenn es um Sex geht oder um Prominenz – am besten um beides. Das merkt in diesen Tagen auch das Golf-Idol Tiger Woods, seit neuestem verschrien als notorischer Fremdgeher. Jeder, der will, kann im Internet eine angebliche Warnung des Sportlers auf dem Anrufbeantworter einer Geliebten mithören: „Meine Frau hat mein Telefon durchsucht und könnte dich anrufen." Die Audiodatei ist überall, inzwischen sogar schon als boshaftes Musikstück „Slow Jam Remix" auf YouTube. Es hat sich eingebrannt ins Internetgedächtnis.

Niemals zuvor konnte ein einzelner Mensch in so kurzer Zeit vor solch einem gigantischen Publikum so viel Ruhm erwerben – niemals aber auch so tief fallen. Und nie zuvor konnte er sich so sicher sein, dass er für immer am Pranger stehen wird. Ein neuer Job, Umzug, Auswandern – die alten Fluchten retten nicht mehr. „Weil es in der digitalen Welt kein Vergessen gibt, gibt es auch kein Verzeihen", sagt der österreichische Internetwissenschaftler Viktor Mayer-Schönberger, der gerade eine Streitschrift gegen das Hypergedächtnis des digitalen Zeitalters verfasst hat: „Delete", „Löschen", heißt sein Buch. Löschen! Eine Schaltfläche, die mich warnt vor jeder Website, auf der ich auftauche, die fragt: Möchtest du diesen Inhalt entfernen? Das wäre der Cyberhimmel für die Opfer des Ewigkeitsspeichers im Netz, für die Freundinnen von der Nürnberger Arbeitsagentur. Welche Möglichkeit sonst bliebe der Abiturientin Sarah J., die als 13-Jährige ein Foto ihres Popos im kurzen Jeansröckchen in einem sozialen Netzwerk veröffentlichte, an das sie jetzt nicht mehr herankommt? Sie fürchtet, dass ihre kindliche Freizügigkeit künftige Personalchefs abschreckt.

Immer mehr Leute kommunizieren Privates via Internet, immer mehr Intimes twittern sie übers Handy. Ein großer Teil der 54 Millionen deutschen Internetnutzer füttert das Netz mit persönlichen Informationen. Sie tun so, als verwehten all ihre elektronisch übermittelten Blicke, Seufzer, Schimpfkanonaden im Äther. In Wahrheit speichern sie sie auf einem gigantischen Cyber-Recorder. Mit der Zahl der Opfer wachsen auch die Bestrebungen, das Gedächtnis des Internets mit Demenz zu belegen. Programmierer entwickeln Software, die Daten über die Zeit verrotten lässt. Eine ganz neue Branche, die selbst ernannten Retter des guten Rufs, tilgt verleumderische Fotos und Texte von den Websites. Und Vordenker wie Mayer-Schönberger entwickeln Ideen, wie die Gesellschaft dem Netz gleich eine ganz neue Erinnerungskultur verpassen könnte. „Es ist ja nicht die Technik, die den Niedergang des Vergessens erzwingt", sagt der Forscher, der an der National University of Singapore lehrt. „In Wahrheit sind wir es, die entscheiden, ob wir diese Zukunft wollen, die uns zum Erinnern zwingt." Bleibt jetzt nur noch, sich in digitaler Abstinenz zu üben? Muss eine 16-Jährige darauf verzichten, ihr Profil in einem sozialen Netzwerk mit einem Porträtfoto zu garnieren, weil sie fürchten muss, dass ein enttäuschter Lover es später auf einen nackten Torso pflanzen und um die Welt schicken könnte? „Würden wir uns empfehlen, keine Briefe mehr zu schreiben", fragt der „Delete"-Autor Viktor Mayer-Schönberger, „bloß weil sie irgendwann gegen uns verwendet werden können?" Wenn alle sich konsequent beschränkten, „würden die sozialen Netzwerke verarmen, auch große Gemeinschaftsprojekte wie Wikipedia".

Sein Alternativvorschlag: „Wir sollten unsere Daten dem Vergessen anheimgeben. Wie das gesprochene Wort." Vergessen nicht als Makel, sondern als Tugend – so sieht es Mayer-Schönberger. Ohne das Vergessen komme der Mensch nicht mit seinem Leben klar, verharre im Gestern. Um diese urmenschliche Kultur dem Internet einzupflanzen, müssten die Nutzer allen Informationen, die sie speichern oder hinaus in den Cyberspace schicken, ein Verfallsdatum auferlegen – wie bei einer Wurst, die irgendwann schlecht wird. Diese Idee verfolgen auch Programmierer an der University of Washington in Seattle. Sie sind dabei, eine kryptografische Software namens „Vanish" zu entwickeln, die Daten rosten lassen soll, nach dem Zeitplan ihres Schöpfers. Selbst der ursprüngliche Empfänger – der Ex-Freund etwa – käme dann nicht mehr heran an die sexy Fotos; sie sind still verblichen. „Wo es nottut", sagt Frank Rieger, „wird bereits heute gelöscht." Automatisch geschieht dies etwa bei Erotiktreffs im Netz oder bei wilden Diskussionsforen aggressiv Pubertierender. Wer will, entkommt sogar den kommerziellen Datenkraken. Googles Spürhunde lassen sich leicht von der eigenen Website aussperren; Cookies lassen sich löschen; ein Programm namens „Tor" kaschiert jede Anfrage an Websites, indem es sie zuvor durch mehrere Server leitet. Für Mayer-Schönberger sind solche Schutzmaßnahmen aber keine Lösung: zu technisch. Er will mehr, er will, dass der Mensch sich wieder auf seine eigentliche Erinnerungskultur besinnt. „Dazu müsste sich jeder Einzelne immer wieder bewusst damit beschäftigen, wie lange er welche Information aufbewahren will." Mayer-Schönberger stellt sich eine Dialogbox vor, die beim Speichern von nun an auch abfragt, ob die Datei zum Beispiel fünf Tage halten soll, einen Monat oder fünf Jahre. Und dann verpufft die Liebesmail vor den Augen des beglückten Empfängers im Nichts? „Er kann sie doch genießen, wie zuckersüßen Zuckerguss", sagt der Österreicher und kichert, „ist doch schön!"

Doch vielleicht sind es nur Rückzugsgefechte der Generation 40 plus, die solche Debatten antreiben. Die „Digital Natives" jedenfalls, die Eingeborenen der Digitalwelt, sind längst viel weiter. So beobachtet Frank Rieger, dass sich eine „komplexe und sehr nuancierte Struktur von Sozialverhalten" entwickle. „Mehr und mehr setzt sich die Norm durch, eben keine Saufbilder von Kumpels zu posten", sagt er, auch auf Partnersuche im Netz gebärdeten sich die Geübten wie Profis; selten noch gebe jemand vorschnell Bilder oder gar seine Identität preis. Falsche Identitäten sind ohnehin der sicherste Weg, das Gedächtnis des Internets zu verwirren. Die Netzbürgerin von morgen schreibt unter dem Pseudonym „Besserwisser" einen Zusatz zu einem Wikipedia-Artikel; über ihre Facebook-Seite schickt sie der Freundin in New York Impressionen der angesagten Vernissage in der Hauptstadt; alsdann verfasst sie unter dem Namen „Rabenaas" einen bösen Blog über die neuesten Gesetzespläne zum Aushorchen der Bürger. Und da sie all diese Aktivitäten nie miteinander verlinkt, wird die große Welterinnerungsmaschine nichts anfangen können mit den Spuren, die sie auf den Speichern in aller Welt hinterlässt.

„Das digitale Leben verlangt Pseudonyme", sagt Frank Rieger. „Anonymität ist ein Bestandteil der Freiheit des Internets." Wer das begriffen habe, könne sich unbeschwert bewegen in dieser Welt. „Die ganz Jungen schaffen es sogar, bei ‚World of Warcraft' zu flirten!", sagt Rieger und schüttelt den Kopf wie ein Alter. Zarte Liebesbande knüpfen als Ork-Schamane und Nachtelfenjägerin – das ist sogar dem Internet-Insider fremd. Aber er ist ja auch schon 38.

Nach: Der Spiegel 51/2009 (S. 123 ff.)

Teil I: Lesen

1 *Kreuze die richtige Aussage an. Es gibt jeweils nur eine richtige Lösung.* ___ / 5 P.

a) Die ganze Welt konnte die intimen Mails zweier Nürnbergerinnen lesen,
- ☐ weil eine der beiden von einem Kollegen angezeigt wurde.
- ☐ weil eine der beiden versehentlich die falsche Adresse eingegeben hat.
- ☐ weil die beiden ihren Mailverkehr an die Firma Google verkauft haben.

b) Der Text vergleicht das Internet mit dem menschlichen Gehirn. Es wird gesagt, dass
- ☐ das Internet, anders als das Gehirn, Unwichtiges nicht aussortiert.
- ☐ das Internet wie das Gehirn wichtige von unwichtigen Informationen unterscheidet.
- ☐ das Internet die Informationen besser aufnehmen kann als das Gehirn.

c) Der Internetwissenschaftler Viktor Mayer-Schönberger lehrt an der National University in
- ☐ Seattle. ☐ Singapur. ☐ Nürnberg.

d) In Deutschland gibt es
- ☐ 54 Millionen Nutzer, die Privates anderer Leute weiterverschicken.
- ☐ 54 Millionen Internetopfer.
- ☐ 54 Millionen Internetnutzer, von denen viele auch Privates ins Netz stellen.

e) Programmierer entwickeln eine Software mit dem Namen „Vanish“. Diese Software ermöglicht es, dass
- ☐ Daten vor Viren geschützt sind.
- ☐ Daten nur noch von bestimmten Menschen gelesen werden können.
- ☐ Daten nach einer bestimmten Zeit verblassen bzw. verschwinden.

2 *Kreuze die richtige Aussage an. Es gibt jeweils nur eine richtige Lösung.* ___ / 5 P.

a) „Pandemie“ (Z. 21) bedeutet hier
- ☐ ansteckende, sich schnell verbreitende Krankheit. ☐ Erkrankung mit Krampfanfällen.
- ☐ seelische Störung. ☐ Institut für Suchterkrankung.

b) „notorisch“ (Z. 35) bedeutet hier
- ☐ unverschämt ☐ ständig lügend ☐ geheim ☐ zwanghaft regelmäßig

c) „am Pranger stehen“ (Z. 48 f.) bedeutet hier
- ☐ öffentlich ausgelacht werden ☐ beliebt sein ☐ berühmt sein ☐ abseits stehen

d) „Abstinenz“ (Z. 93) bedeutet hier
- ☐ Ziellosigkeit. ☐ Anwendungsbereiche. ☐ Kontrolle. ☐ Verzicht.

e) „Identität“ (Z. 162) bedeutet hier
- ☐ Freunde der sozialen Netzwerke. ☐ persönliche Daten.
- ☐ Freizeitbeschäftigungen. ☐ Persönlichkeitsrechte.

3 *Welche der folgenden Aussagen sind richtig?* ___ / 2 P.

„Digital Natives“ sind

A Menschen, die als eine Art Schutzpolizei im Netz fungieren und verdächtige Inhalte löschen.
B Eingeborene einer Insel ohne Internet.
C junge Menschen, die mit Internet und anderen digitalen Medien aufgewachsen sind.
D Menschen, die meist geschickter mit dem Internet umgehen.

Kreuze die richtige Antwort an.

- ☐ Alle Antworten A–D stehen im Text.
- ☐ Nur A, C und D stehen im Text.
- ☐ Nur B und D stehen im Text.
- ☐ Nur C und D stehen im Text.

4 *Ordne den Zitaten die passenden sprachlichen Mittel zu.* ___ / 6 P.

Sprachliche Mittel: Alliteration, Anapher, Antithese, Ellipse, Euphemismus, Hyperbel, Metapher, Neologismus, Personifikation

Info
Einige sprachliche Mittel können zu mehreren Textstellen passen, andere zu keiner.

Zitat	Sprachliches Mittel
„fliegen die Mails hin und her“ (Z. 11 f.)	
„kann die ganze Welt mitlesen“ (Z. 19 f.)	
„das Internet vergisst nichts“ (Z. 24)	
„die große Erinnerungsmaschine“ (Z. 29 f.)	
„eingebrannt ins Internetgedächtnis“ (Z. 42 f.)	
„wie zuckersüßen Zuckerguss“ (Z. 148 f.)	

5 *Ordne jeder der folgenden Textstellen das passende Merkmal einer Reportage zu. Lies im Text und trage die passenden Buchstaben in die Tabelle ein.* ___ / 3 P.

Mögliche Merkmale: A Autorenkommentar; B Fazit; C Expertenmeinung; D erlebnisorientierter Einstieg; E Zahlen, Daten, Fakten, Erläuterungen als Hintergrundwissen

Info
Einige Merkmale können mehreren Textstellen zugeordnet werden, andere keiner.

Textstelle	Merkmal
Z. 1–22: „Ein falscher Klick [...] verschickt.“	
Z. 71–73: „Ein großer Teil der 54 Millionen deutschen Internetnutzer füttert das Netz mit persönlichen Informationen.“	
Z. 139–142: „„Dazu müsste sich jeder [...] aufbewahren will.‘“	

6 *Zitiere zwei Textstellen, die belegen, dass sich Privates oder Intimes durch einen kleinen Fehler schnell öffentlich im Internet befinden kann.* ___ / 2 P.

___

___

___

7 *Der Text nennt Maßnahmen, die dafür sorgen, dass Informationen nicht unerwünscht lange im Netz bleiben. Erläutere zwei dieser Maßnahmen anhand von Textbeispielen.* ___ / 4 P.

8 *„Eine Freiheit des Internets besteht darin, dass man unerkannt bleiben kann." Erläutere diese Behauptung anhand eines Textbeispiels.* ___ / 3 P.

9 *„Junge Menschen bewegen sich heutzutage im Netz verantwortungsvoller." Begründe anhand eines Textbeispiels, ob du dieser Aussage zustimmst oder sie ablehnst.* ___ / 3 P.

10 *„Wir sollten unsere Daten dem Vergessen anheimgeben. Wie das gesprochene Wort." (Z. 107ff.) Begründe anhand von drei Beispielen aus dem Text, ob du dieser Sicht des Wissenschaftlers Mayer-Schönberger zustimmst oder sie ablehnst. Schreibe in dein Heft.* ___ / 7 P.

Teil II: Schreiben

Teil II. A: Textproduktion (Wahlaufgabe)

Wähle eine der folgenden Aufgaben aus und bearbeite sie.

A *Bericht*
Schreibe einen Bericht für die Schülerzeitung, in dem du deine Mitschülerinnen und Mitschüler über negative Erfahrungen mit dem Internet informierst. Dabei kann es sich sowohl um eigene Erfahrungen handeln als auch um Erfahrungen anderer.

Oder

B *Argumentation*
Die Schulkonferenz deiner Schule erwägt, das bestehende Handyverbot an der Schule zurückzunehmen, und bittet die Schülerinnen und Schüler um eine Stellungnahme zum Thema „Sollten Handys, Laptops oder ähnliche elektronische Geräte grundsätzlich im Unterricht erlaubt sein?“.
Argumentiere dafür und dagegen. Ziel deiner Argumentation sollte sein, deine eigene Sichtweise zu begründen und deine Leserinnen und Leser zu überzeugen.

Dein Text (Bericht oder Argumentation) wird wie folgt bewertet:

	Punkte
Aufbau/Inhalt (z.B. Überschrift, Einleitung, Hauptteil, Schluss, „roter Faden“)	24
Sprachangemessenheit (Wortschatz, Satzbau, Ausdruck)	12
Sprachrichtigkeit (Rechtschreibung, Grammatik, Zeichensetzung)	4
Summe	**40**

Teil II.B: Sprachliche Richtigkeit

1 *Markiere und verbessere in dem folgenden Artikelentwurf für eine Schülerzeitung die achtzehn Rechtschreib- und Zeichensetzungsfehler. Schreibe die jeweils verbesserte Schreibweise unter die fehlerhafte Stelle.* ___ / 9 P.

Überall immer wieder und immer häufiger wird das arglos ins Internet gestelte Selfie von dritten mißbraucht. Dabei kann dieser digitale Exhibitionismus fatahle Folgen haben. Mit 12 Jahren wurde beispiels Weise eine Schülerin in einem Videochat von einem unbekannten überedet, ihren Körper nackt zu zeigen. Nachdem sie sich tatsächlich ausgezogen hatte war ihr Leben nicht mehr wie vorher, den der Mann veröffentlichte die Bilder weltweit. Um der Schande zu entgehen, wächselte die Familie den Wohnort. Was das Mädchen getan hat ist kein Einzelfall. Jeden Tag stellen sich Millionnen Menschen zur schau – egal ob in Chatreumen oder sozialen Netzwerken bei Online-Spielen oder Messenger-Diensten. Mit Beschreibung, lässig, cool, interessant, öffentlich und eventuell knapp bekleitet. Irgendwie – aber meißtens für jeden frei zugänglich.

2 *„das" oder „dass"? Bestimme die Wortart und notiere die richtige Schreibweise.* ___ / 8 P.
Schreibe die entsprechenden Buchstaben der Wortart in die Klammern hinter den Lücken: Konjunktion (K), bestimmter Artikel (A), Relativpronomen (R) oder Demonstrativpronomen (D).

Max erzählt: „Ich glaubte ja tatsächlich, ________ ( ) ein Selfie, ________ ( ) ich mit dem Handy einfach schnell an meine Freunde verschickt habe, nicht zum Problem werden könnte. ________ ( ) war ein großer Irrtum, obwohl die Situation, in der ________ ( ) Foto entstand, ganz harmlos war: Zum Dank dafür, ________ ( ) wir für die Feier der letzten Abschlussklasse alles so gut vorbereitet hatten, umarmte mich ein Mädchen, ________ ( ) ich vorher gar nicht gekannt hatte, spontan und schmiegte den Kopf eng an meinen. ________ ( ) ausgerechnet mein bester Kumpel nichts Besseres zu tun hatte, als dieses Bild dem Freund des Mädchens, mit einem blöden Kommentar versehen, zu schicken, ärgert mich. Aber eins weiß ich: ________ ( ) wird ein Nachspiel haben!"

3 *Forme die folgenden Sätze in die Aktiv- oder Passivform um.* ___ / 3 P.
Die vorgegebene Zeitform und die inhaltliche Aussage des Satzes müssen beibehalten werden.

Aktiv	Passiv
Früher schrieben die Menschen Briefe.	
	Nachdem von Mark Zuckerberg sein bekanntes soziales Netzwerk erfunden worden war, wurde es von immer mehr Mitgliedern genutzt.
	In jüngster Zeit wird das Unternehmen von Datenschutzbeauftragten kritisiert.